REALIEN ZUR LITERATUR
ABT. D:
LITERATURGESCHICHTE

DIETER KARTSCHOKE

Altdeutsche Bibeldichtung

MCMLXXV

J. B. METZLERSCHE VERLAGSBUCHHANDLUNG

STUTTGART

ISBN 3 476 10135 5

M 135

© J. B. Metzlersche Verlagsbuchhandlung und Carl Ernst Poeschel Verlag GmbH
in Stuttgart 1975. Druck: Gulde-Druck, Tübingen
Satz: IBV Lichtsatz KG, Berlin
Printed in Germany

VORWORT

Der vorliegende Band »Altdeutsche Bibeldichtung« ist den versmäßigen Paraphrasen des 9. Jahrhunderts aus ober- und niederdeutschem (altsächsischem) Sprachgebiet gewidmet, deren herausragende Repräsentanten der »Heliand« und das »Evangelienbuch« Otfrids von Weißenburg sind. Der Terminus ›Bibeldichtung‹ meidet die eindeutige Reduktion dieser volkssprachigen Texte auf das Muster des antiken lateinischen Epos oder auf eine von ihm abgezogene idealtypische Gattungsvorstellung, der weder die Großformen gerecht werden, noch die kleineren Bibelgedichte zuzuordnen wären. Die historische Qualifizierung ›altdeutsch‹ ist eine Verlegenheitslösung, unzureichend hinsichtlich der historischen als auch nur der sprachlichen Kennzeichnung des Gegenstandes.

Der Versuch, auf knappem Raum die Tradition poetischer Bibelparaphrase von ihren Anfängen her kenntlich zu machen, zwingt zu rigoroser Beschränkung hinsichtlich der zu vermittelnden Fakten wie der anzuführenden Sekundärliteratur. Die deutschsprachigen Texte sind (bis auf die unübliche Vertauschung von »Genesis« und »Heliand«) chronologisch angeordnet. Die Literaturangaben mußten angesichts der besonderen Forschungslage vielfach auf Kosten des Zitats neuerer Arbeiten auch auf ältere Titel ausgedehnt werden. Ungedruckte Dissertationen, Rezensionen, textkritische und das bloße Detail kommentierende Abhandlungen wurden bis auf wenige Ausnahmen nicht aufgenommen. Im Wiederholungsfall wird lediglich der Verfassername mit dem Erscheinungsdatum der jeweiligen Arbeit zitiert. Das Register gibt Auskunft über den Ort der vollständigen Nennung jedes angeführten Titels.

INHALT

1. LITERARISCHE TRADITIONEN 1
1.1 *Lateinische Bibelparaphrase* 3
1.11 *Vergilianisierende Bibelepik* 3
   1.111 Voraussetzungen – 1.112 Texte – 1.113 Stilgeschichte
   – 1.114 Poetik
1.12 *Hymnen und Rhythmen* 11
1.2 *Volkssprachige Bibeldichtung* 14
1.21 *Caedmon* 14
1.22 *Stabreimende Bibeldichtung der Angelsachsen* 15
   1.221 Texte – 1.222 Autoren und Datierung – 1.223 Stilgeschichte

2. ALTDEUTSCHE BIBELDICHTUNG 19
2.1 *Stabreimdichtung* 21
2.11 *»Wessobrunner Schöpfungsgedicht«* 21
   2.111 Überlieferung – 2.112 Schriftdialekt – 2.113 Datierung – 2.114 Form – 2.115 Inhalt und Quellen – 2.116 Funktion
2.12 *»Muspilli«* 24
   2.121 Überlieferung – 2.122 Schriftdialekt – 2.123 Form – 2.124 Inhalt – 2.125 Quellen – 2.126 ›Muspilli‹ – 2.127 Zeitgeschichte
2.13 *»Genesis«* 33
   2.131 Überlieferung – 2.132 Schriftdialekt – 2.133 Autor und Datierung – 2.134 Form – 2.135 Inhalt und dichterische Leistung – 2.136 Quellen – 2.137 Funktion und Zeitgeschichte
2.14 *»Heliand«* 39
   2.141 Überlieferung – 2.142 Schriftdialekt und Sprache des Helianddichters – 2.143 Autor und Datierung – 2.144 Form – 2.145 Inhalt und dichterische Leistung – 2.146 Quellen und Theologie – 2.147 Funktion und Zeitgeschichte
2.2 *Endreimdichtung* 57
2.21 *Otfrid von Weißenburg* 57
   2.211 Überlieferung – 2.212 Schriftdialekt und Sprache – 2.213 Autor und Datierung – 2.214 Form – 2.215 Inhalt und dichterische Leistung – 2.216 Quellen und Theologie – 2.217 Funktion und Zeitgeschichte

2.22 »*Christus und die Samariterin*« 72
    2.221 Überlieferung – 2.222 Schriftdialekt – 2.223 Datierung – 2.224 Form – 2.225 Inhalt und dichterische Leistung – 2.226 Funktion
2.23 »*Psalm 138*« 75
    2.231 Überlieferung – 2.232 Schriftdialekt – 2.233 Datierung – 2.234 Form – 2.235 Quelle und dichterische Leistung

3. Zur Rezeption 78
3.1 *Rezeptionsgeschichte* 78
3.2 *Forschungsgeschichte* 81
3.3 *Forschungsaufgaben* 84

Register 85

Abkürzungen

A	=	Anglia. Zeitschrift für englische Philologie
ABäG	=	Amsterdamer Beiträge zur älteren Germanistik
AfdA	=	Anzeiger für deutsches Altertum und deutsche Literatur
AH	=	Analecta hymnica
Ahd.Lb.	=	Althochdeutsches Lesebuch. Zusammengestellt und mit Wörterbuch versehen von Wilhelm Braune. Fortgeführt von Karl Helm. 15. Auflage bearbeitet von Ernst A. Ebbinghaus. 1969.
AION	=	Annali dell'Istituto Orientale in Napoli
AKG	=	Archiv für Kulturgeschichte
Archiv	=	Archiv für das Studium der neueren Sprachen
ATB	=	Althochdeutsche Textbibliothek
Beitr.	=	Beiträge zur Geschichte der deutschen Sprache und Literatur
BSB	=	Berliner Sitzungsberichte
CCL	=	Corpus Christianorum. Series latina
CSEL	=	Corpus Scriptorum Ecclesiasticorum Latinorum
DLZ	=	Deutsche Literaturzeitung
DtVjs.	=	Deutsche Vierteljahrsschrift für Literaturwissenschaft und Geistesgeschichte
DU	=	Der Deutschunterricht. Beiträge zu seiner Praxis und wissenschaftlichen Grundlegung
Etgerm.	=	Etudes germaniques
Euph.	=	Euphorion. Zeitschrift für Literaturgeschichte
FuF	=	Forschungen und Fortschritte. Nachrichtenblatt der deutschen Wissenschaft und Technik
Germ.	=	Germania. Vierteljahrsschrift für deutsche Alterthumskunde
GLL	=	German Life and Letters
GRM	=	Germanisch-Romanische Monatsschrift
JbAC	=	Jahrbuch für Antike und Christentum
JEGP	=	Journal of English and Germanic Philology
Kl. Schr.	=	Kleine(re) Schriften
KVNS	=	Korrespondenzblatt des Vereins für niederdeutsche Sprachforschung
Leuv. Bijdr.	=	Leuvense Bijdragen. Tijdschrift voor moderne philologie
LwJb.	=	Literaturwissenschaftliches Jahrbuch der Görres-Gesellschaft
MAO	=	Medium aevum, Oxford
MG AA	=	Monumenta Germaniae Historica. Auctores antiquissimi
MLN	=	Modern Language Notes
MLQ	=	Modern Language Quarterly
MLR	=	Modern Language Review
MPh.	=	Modern Philology
MSD	=	Denkmäler deutscher Poesie und Prosa aus dem VIII–XII Jahrhundert. Herausgegeben von K. Müllenhoff und W. Scherer. Vierte Ausgabe von E. Steinmeyer. Neudr. 1964

NddMitt.	=	Niederdeutsche Mitteilungen
NdJb.	=	Niederdeutsches Jahrbuch. Jahrbuch des Vereins für niederdeutsche Sprachforschung
Neoph.	=	Neophilologus. Driemaandelijks tijdschrift voor de wetenschappelijke beoefening van levende vremde talen en van haar letterkunde
NM	=	Neuphilologische Mitteilungen. Bulletin de la Société néophilologique de Helsinki
NQ	=	Notes and Queries for Readers and Writers, Collectors and Librariens
PMLA	=	Publications of the Modern Language Association of America
PQ	=	The Philological Quarterly
RAC	=	Reallexikon für Antike und Christentum
RES	=	Review of English Studies. A Quarterly Journal of English Literature and the English Language
RL	=	Reallexikon der deutschen Literaturgeschichte
RUB	=	Reclams Universalbibliothek
SAWH	=	Sitzungsberichte der Heidelberger Akademie der Wissenschaften
Spec.	=	Speculum. A Journal of Mediaeval Studies
Steinmeyer	=	Die kleineren althochdeutschen Sprachdenkmäler. Herausgegeben von Elias von Steinmeyer. Zweite Auflage. 1963.
StPh.	=	Studies in Philologie
Verf.Lex.	=	Die deutsche Literatur des Mittelalters. Verfasserlexikon. Unter Mitarbeit zahlreicher Fachgenossen herausgegeben von Wolfgang Stammler (ab Bd. III von Karl Langosch). 1933 ff.
WdF	=	Wege der Forschung
WiWo.	=	Wirkendes Wort. Deutsches Sprachschaffen in Lehre und Leben
ZfdA	=	Zeitschrift für deutsches Altertum und deutsche Literatur
ZfdGw.	=	Zeitschrift für deutsche Geisteswissenschaft
ZfDkde.	=	Zeitschrift für Deutschkunde
ZfdPh.	=	Zeitschrift für deutsche Philologie
ZfMda.	=	Zeitschrift für Mundartforschung
ZGORh.	=	Zeitschrift für die Geschichte des Oberrheins

1. Literarische Traditionen

»Bibelepik als europäische Tradition« hat erst Max Wehrli mit Nachdruck kenntlich gemacht, obwohl einzelne Texte besonders des volkssprachigen Anteils sich seit je des größten und angestrengten Interesses der Literaturwissenschaftler erfreuen. Sie setzt ein im 4. Jh., gehört über mehr als ein Jahrtausend zum Bestand des literarischen Repertoires und führt im 18. Jh. schließlich zu einem letzten Höhepunkt in Klopstocks »Messias«. Danach spielt sie dichtungsgeschichtlichen keine Rolle mehr, obwohl Nachzügler wie Friedrich Rückerts »Leben Jesu. Evangelien-Harmonie in gebundener Rede« (1839) und die ausschließlich erbaulichen Zwecken dienenden Prosanacherzählungen der Bibel oder einzelner biblischer Bücher die alte paraphrastische Übung bis in unser Jahrhundert verlängern.

Eine eigene Tradition begründeten die Romane über biblische Stoffe vom Barock bis zu Thomas Mann, deren Interesse nicht mehr in erster Linie geistlich-glaubensmäßig, sondern historisch, mythologisch oder psychologisch ist. Es beginnt hier »eine neue, unabsehbare Form der Bibeldichtung unverbindlich privater, säkularer, individueller Art« (Wehrli 1963/69, S. 68).

Die altdeutsche Bibeldichtung ist also keine originär nationalsprachliche Erscheinung. Sie repräsentiert vielmehr den Übergang der traditionellen geistlich-lateinischen Kunstübung in die Volkssprache. Dieser Vorgang vollzieht sich zuvor schon (?) im angelsächsischen Sprachbereich und hat hier wie dort die grundlegende Funktion, vorchristlich-mündliche Poesie in christlich-geistlich legitimierte Buchdichtung überzuführen. Damit wiederholt sich unter andern Bedingungen die dichtungsgeschichtliche Wende des 4. Jahrhunderts, als Bibelepik, hexametrische Paraphrase der heiligen Schriften, den Beginn einer christlichen Kunstdichtung überhaupt ermöglichte.

Literatur:
Hans Rost, Die Bibel im Mittelalter. Beiträge zur Geschichte und Bibliographie der Bibel. 1939.
Reinhold Grimm, Marginalien zu Klopstocks »Messias« GRM 42, 1961, S. 274–295. Wieder in: R. G., Strukturen. Essays zur deutschen Literatur. 1963, S. 95–122: ›Christliches Epos –?‹

Max Wehrli, Sacra poesis. Bibeldichtung als europäische Tradition. In: Festschrift F. Maurer 1963, S. 262–283. Wieder in: M. W., Formen mittelalterlicher Erzählung. Aufsätze. 1969, S. 51–71.
Bernhard Sowinski, Lehrhafte Dichtung des Mittelalters. 1971 (= Sammlung Metzler Bd. 103), S. 28–33.

1.1 Lateinische Bibelparaphrase

1.11 Vergilianisierende Bibelepik

1.111 Voraussetzungen. Die christlich-lateinische Kunstdichtung nach dem klassischen Muster Vergils ist unmittelbar die Frucht jener konstantinischen Wende zugunsten des Christentums als eines zunächst gleichberechtigten und schließlich bevorzugten Kultus, die den christlichen Glauben auch für die Führungsschichten akzeptabel machte. Die christlichen Gemeinden wurden aus ihrer bisherigen Illegalität erlöst. Und wie die Welt sich ihnen öffnete, so öffneten sie sich der Welt.

Im Jahre 311 erließ Kaiser Galerius ein Toleranzedikt, das von Kaiser Konstantin durch das Edikt von Mailand 313 erneuert und präzisiert wurde. Die Zeit der Christenverfolgungen war vorüber, und schon bald wurden die Bekenner des christlichen Glaubens, die noch eben als Blutzeugen das Martyrium auf sich genommen hatten, zu bevorzugten Dienern der durch Konstantin reorganisierten Reichsverwaltung. Sie errangen gesellschaftliche Anerkennung und bildeten mit Vertretern aller Schichten der Bevölkerung den seit Diocletian konstituierten Amtsadel. Die alten Familien schlossen sich freilich noch lange gegenüber den Emporkömmlingen ab und begegneten dem Christentum mit stolzer Ablehnung.

Es ist eine Zeit der gesellschaftlichen Umschichtung. Vertreter der Unterschichten gelangen in Führungspositionen, der alte Adel wird zunehmend isoliert. Die Religion der kleinen Leute wird gesellschaftsfähig, bekommt endlich sogar staatstragende Funktion und löst damit den alten römischen Kultus ab. Zugleich aber werden die kirchlichen Ämter der christlichen Gemeinden auch für die Vertreter des alten Adels attraktiv. Für die zur Kirche sich organisierenden christlichen Gemeinden haben diese Umschichtungen weittragende Konsequenzen: »Die neuen Männer, die das Profil der Kirche formten, stammen aus allen sozialen Schichten. Geprägt aber waren sie durch die Aristokratie; hierin lag ihre Stärke. Bis weit ins 6. Jahrhundert hinein kamen viele der führenden theologischen Köpfe aus der Führungsschicht, den großen Adelsfamilien des Reiches« (Maier 1965, S. 52).

Der Aufstieg des christlichen Glaubens bis in die Führungsschichten des Reichs zog notwendig das Bedürfnis nach sich, diesen Triumph auch äußerlich zu manifestieren. Es entstehen die ersten christlichen Monumentalbauten als ein »Stück Staatsarchitektur, das auch der Repräsentation des neuen Glaubens in der Öffentlichkeit diente und die offizielle Wendung zum Christentum dokumentierte« (Maier 1965, S. 67).

Langsamer, aber mit gleicher Notwendigkeit, vollzog sich der Durchbruch des Christentums in dem durch die literarische Überlieferung formulierten Bildungsanspruch der bislang herrschenden Klasse. Die antike Literatur war in fast allen ihren Erscheinungsformen untrennbar verbunden mit dem heidnischen Mythos, der im Sinne des christlichen Offenbarungsglaubens und seines Wahrheitsanspruchs nicht unverändert rezipiert werden konnte. Insbesondere gilt das für die antike Poesie und ihr Hauptstück, das Epos, das in Vergils »Aeneis« seine musterhafte Erfüllung gefunden hatte und als offizielle Reichsgründungsmythe und allgemeiner Bildungsbesitz nicht einfach annulliert werden durfte.

Schon in der frühen Patristik gab es eine breit angelegte Polemik gegen die antike Poesie. Sie bezog ihre Argumente aus der langen Tradition der Mythoskritik, die spätestens seit Platon sich durch die Jahrhunderte hinzieht. Die ›Wahrheit‹ der Dichter war nicht die ›Wahrheit‹ der Philosophen und schon gar nicht die ›Wahrheit‹ der christlichen Apologeten. Die Sicherung der Offenbarung im Wort führte zur christlichen Theologie, die Rettung des antiken Bildungserbes zu seiner allegorischen Verchristlichung. Vergil erscheint als *anima naturaliter christiana* (Tertullian) und profaner Prophet des Erlösers in der Heilserwartung und Friedensverheißung seiner 4. Ecloge. Und so galt es bald nicht nur als erlaubt, sondern als Aufgabe, den Hintersinn aller Formulierungen und Verse seiner Werke auf ihren geheimen Verkündigungsinhalt hin zu erkunden. Von der rezeptiven Rechtfertigung der heidnischen Überlieferung zu ihrer produktiven Fortsetzung in Dichtungen gleichen Kunstanspruchs aber christlichen Interesses ist es nur ein Schritt. Der christliche *sermo piscatorius* wird verkehrt in die (theoretisch noch lange abgelehnte) *pompa verborum* nach dem nachgeahmter Muster der klassischen Poesien.

Literatur:
Bibliographie:
Berthold Altaner/Alfred Stuiber, Patrologie. Leben, Schriften und Lehre der Kirchenväter. [7]1966.

Sozial- und Geistesgeschichte:
Carl Schneider, Geistesgeschichte des antiken Christentums. Erster Band 1954. (Gekürzte Sonderausgabe unter dem Titel: Geistesgeschichte der christlichen Antike. 1970).
A. H. M. Jones, The Social Background of the Struggle Between Paganism and Christianity. In: A. Momigliano (ed.), The Conflict Between Pag-

anism and Christianity in the Fourth Century. Oxford 1963, S. 17–37.
Wieder in: Richard Klein (ed.), Das frühe Christentum im römischen
Staat. 1971 (= WdF 267), S. 337-363.
Heinrich Dannenbauer, Die Entstehung Europas. Von der Spätantike zum
Mittelalter. Erster Band: Der Niedergang der alten Welt im Westen. 1959.
Franz Georg Maier, Die Verwandlung der Mittelmeerwelt. 1968 (= Fischer
Weltgeschichte 9).

1.112 Texte. Um 300 – genauer wohl nach dem Toleranzedikt von
Mailand von 313 – dichtet ein spanischer Presbyter – *nobilissimi generis Hispani*, wie Hieronymus in seinem Schriftstellerkatalog *de
vir. ill.* LXXXIV schreibt – eine Paraphrase des Matthäusevangeliums mit gelegentlichen Ergänzungen aus Lukas und Johannes in
vergilianischen Hexametern. Diese »Evangeliorum libri quattuor«
(= Vier Bücher Evangelien) sind das erste überlieferte christliche
Kunstepos; ihr Autor gilt in der Literaturgeschichtsschreibung als
Begründer der christlichen Kunstdichtung überhaupt. Es ist von
symptomatischer Bedeutung, daß Juvencus im Epilog zu seinem
Evangeliengedicht die Friedenszeit unter Konstantin (323–332)
preist: die Versöhnung der imperialen Macht mit dem christlichen
Glaubensanspruch spiegelt sich in dieser Harmonisierung der
christlichen Glaubenswahrheit mit dem antiken Bildungserbe.
Christus, der Heiland der Welt, erscheint im Gewand des antikrömischen Staatsheiligen Aeneas. Im Prolog aber stellt sich der Autor im Vertrauen auf die Überlegenheit der christlichen Offenbarung
über den heidnischen Mythos und auf sein dichterisches Können in
eine erhabene Ahnenreihe, die gleicherweise den Wandel der Zeiten
wie ihre Kontinuität dokumentiert: Homer – Vergil – Juvencus.

Bis ins 6. Jh. entstehen nun eine Reihe vergleichbarer Werke, mit
denen die Tradition versmäßiger Bibelparaphrase begründet wird.
Um 360 dichtet die römische Aristokratin Proba einen Vergilcento
über die wichtigsten Stationen der Heilsgeschichte von der Schöpfung bis Christi Himmelfahrt. Das antike Bildungsspiel der Centonenpoesie, d. h. die Konstitution inhaltlich neuer Gedichte aus unverändert übernommenen Versteilen der Klassiker (meist Homers
oder Vergils), signalisiert in seiner Übertragung auf christliche Stoffe
am eindrucksvollsten die Ambition, das antike Erbe mit dem christlichen Geist zu versöhnen oder in konkurrierenden Poesien christlichen Interesses zu ersetzen. Die *interpretatio christiana* bestimmter
Wendungen und Vorstellungen der klassischen Literatur, wie sie die
christliche Kunstdichtung von Anfang an charakterisiert, wird hier
zum Extrem einer restlosen Verchristlichung der überkommenen
Bildungstrümmer vorgetrieben. Der Vorgang erinnert an das erst
später sich vollziehende Schicksal der antiken Bauwerke Roms, als

Steinbruch für die kirchlichen und christlich-profanen Bauten dienen zu müssen – mit dem Unterschied freilich, daß die verwertete Architektur diesen Prozeß nicht überstand, während die klassische Poesie von den Christen (wenn auch mit Vorbehalten) bewahrt wurde.

Juvencus galt lange zu Unrecht auch als Autor eines unvollständig überlieferten Zyklus alttestamentlicher Paraphrasen aus dem Anfang des 5. Jahrhunderts (?). Dieser »Heptateuch« (= Sieben Bücher) eines Cyprianus (poeta oder Gallus, wie seine unterscheidenden Cognomina in der neueren Literaturgeschichtsschreibung lauten) umfaßt Paraphrasen der Bücher Genesis, Exodus, Leviticus, Numeri, Deuteronomium, Iosue und Iudices. Fragmente und Zitate aus poetischen Paraphrasen von Regum I–IV, Paralipomenon und Iob legen die Vermutung nahe, es habe das Gedicht ursprünglich einen noch größeren Umfang gehabt oder sei im Lauf der Zeit durch Zusätze erweitert worden.

Neben einer großen Anzahl kleinerer Gedichte über die Genesis, den Untergang Sodoms, die Rettung des Propheten Jonas, das Martyrium der makkabäischen Brüder und – am häufigsten – über Leben, Taten, Leiden und Tod des Erlösers sind es insbesondere die im folgenden aufgezählten fünf großen Bibelepen, die in unterschiedlicher Intensität die Tradition solcher geistlich-christlichen Kunstübung bestimmt haben.

Wohl noch aus der ersten Hälfte des 5. Jh.s stammt das »Carmen paschale« (= Ostergedicht) des Sedulius, dem der Autor eine Prosaauflösung unter dem ebenfalls selbstgewählten Titel »Opus paschale« (= Osterwerk) hat folgen lassen. In fünf Büchern werden die Wunder Gottes im Alten Testament und der Opferweg Christi dargestellt. Wie Juvencus folgt auch Sedulius vorzüglich dem Matthäusevangelium. Das »Carmen paschale« hat im Mittelalter die wohl weiteste Verbreitung gefunden. Sein Einfluß reicht in alle Bereiche christlicher Literaturproduktion von der lateinischen Hymnendichtung bis zu den volkssprachigen Versparaphrasen der Bibel. Es war mit andern Texten dieser Art approbierte Schullektüre.

Ungleich weniger intensiv verlief nach Auskunft der Überlieferung und sonstigen Bezeugungen die Rezeptionsgeschichte der drei folgenden alttestamentlichen Paraphrasen, deren poetische Freiheiten gegenüber dem biblischen Wortlaut sicher nicht wenig dazu beigetragen haben, sie hinter die wortfrommen Gedichte der Juvencus, Cyprianus, Sedulius zurücktreten zu lassen. Die gleichen Eigenschaften freilich haben umgekehrt gerade diesen Gedichten bei den modernen Betrachtern einiges Wohlwollen verschafft, deren sich die andern Texte durchaus nicht erfreuen können.

Der ersten Hälfte des 5. Jh.s gehört die »Alethia« (= Die Wahrheit) des gallischen Rhetoren Claudius Marius Victorius an. In drei Büchern behandelt das Gedicht die Erschaffung der Welt, die Entwicklung der materiellen Kultur bis zum Neubeginn nach der Sintflut und die Geschichte des menschlichen Geistes bis zum Untergang von Sodom und Gomorrha. Die Bibelparaphrase wird hier bei aller – aber eben überaus freien – Anlehnung an den Wortlaut der biblischen Genesis zum kulturhistorischen Lehrgedicht. Die Überlieferung in nur einer Handschrift (gegenüber den Hunderten überkommener Codices mit anderen spätantiken Bibelgedichten) ist ganz offensichtlich Folge der theologischen Bedenklichkeit gegenüber solchem Verfahren. Eine literarische Nachwirkung der »Alethia« ist dementsprechend auch kaum nachzuweisen.

Um 500 sind die beiden Gedichte des Dracontius und Avitus entstanden. Blossius Aemilius Dracontius, ein auch mit nichtchristlichen Poesien hervorgetretener karthagischer Advokat, hat in seinen »De laudibus Dei libri tres« (= Lob Gottes in drei Büchern) das Muster einer elegisch-hymnischen Paraphrase geliefert. Das erste Buch beginnt mit einem Panegyricus auf das Licht und erzählt die Schöpfung. Zweites und drittes Buch bringen mit vielen hymnischen und exempelhaften Digressionen, die auch die antiken Heroen als Muster gottgefälliger Lebensführung heranziehen, weitere Episoden aus Altem und Neuem Testament. Schon früh wurde das geschlossener wirkende erste Buch über das Sechstagewerk von den beiden folgenden Büchern abgetrennt und als »Hexaemeron« selbständig überliefert. Das aber ist ein wichtiger Hinweis darauf, wie ›Bibelepik‹ inzwischen eine feste Größe geworden war und eine Erwartungshaltung produziert hatte, der Eigenwilligkeiten wie die des Cl. Marius Victorius oder eben auch des Dracontius nicht entsprachen. Genauso wirksam aber wird das geistliche Bedenken als Korrektiv gegenüber Texten gewesen sein, die sich allzuweit von den kirchlich sanktionierten Interpretationen der heiligen Bücher nach dem Muster der Väterschriften entfernt hatten.

Das gilt wohl auch für die fünf Bücher »De spiritalis historiae gestis« (= Über die Ereignisse der Heilsgeschichte) des Alcimus Ecdicius Avitus, Bischofs von Vienne. Schöpfung, Sündenfall, Verstoßung aus dem Paradies, Sintflut und Exodus machen den Inhalt der einzelnen Bücher aus, deren zweites sich des besonderen neuzeitlichen Interesses erfreute. Milton zeigt sich in seinem »Paradise Lost« (gedr. 1667–69) von Avitus beeindruckt und noch in unserm Jahrhundert wurde das zweite Buch von einem angerührten Philologen in deutsche Hexameter gebracht.

Die Phase des spätantiken Bibelepos wird abgeschlossen durch

Arators »De Actibus Apostolorum« (= Die Taten der Apostel). Im Jahr 544 war das Gedicht abgeschlossen und wurde von seinem Autor in Rom öffentlich rezitiert. Grundlage ist die lukanische Apostelgeschichte, deren Wiedergabe und Interpretation in den zwei Büchern des Gedichts verschlungene Pfade mystisch-allegorischer Deutung geht. Der Beliebtheit von Arators Apostelgedicht hat dies keinen Abbruch getan, es scheint sie vielmehr sogar gefördert zu haben; denn der Autor ergeht sich in seiner Gelehrsamkeit so ausschweifend auf dem spätestens seit Origines theologisch erprobten Feld des mehrfachen Schriftsinns und tut dies in Anwendung auf ein theologisch so selten behandeltes Buch des (späteren) Kanons, daß seine poetische Paraphrase zugleich den Rang einer exegetischen Lehrschrift beanspruchen konnte und sich damit in eine Reihe stellte mit den prosaischen Exegesen der Väter. Zuerst aber trat Arator auf als christlicher Dichter, verwirklichte seinen literarischen Anspruch in mehrtägigen Rezitationen seines Werks und lieferte mit der Verherrlichung der Apostel Petrus und Paulus eine poetische Legitimation des Primats von Rom und seinem Bischof. Hier wurde die Vergilnachfolge in nicht nur formaler, sondern gleichsam auch funktionaler Hinsicht verwirklicht.

Mit den Stürmen der Völkerwanderung geht die antike Bildungskultur, die bis dahin kontinuiert worden war, endgültig unter. Geistliche Dichtung in der Nachfolge Vergils ist nicht mehr Sache einer größeren, auch nichtkirchlichen Gemeinschaft, sondern wird zur mehr oder weniger arkanen Angelegenheit geistlicher Gelehrsamkeit in Kloster und Schule.

Editionen:
Iuvencus ed. *Huemer* 1891 (= CSEL 24).
Proba ed. *Schenkl* 1888 (= CSEL 16,1).
Cyprianus poeta ed. *Peiper* 1891 (= CSEL 23).
Kleine Gedichte u. a. ed. *Schenkl* 1888 (= CSEL 16,1) und *Peiper* 1891 (= CSEL 23).
Sedulius ed. *Huemer* 1885 (= CSEL 10).
Claudius Marius Vicitorius ed. *Schenkl* 1888 (= CSEL 16) und *Hovingh* 1960 (= CCL 128).
Dracontius ed. *Vollmer* 1905 (= MG AA 14) und *Corsaro* 1962 (= Centro di Studi sull'antico Cristianesimo).
Alcimus Avitus ed. *Peiper* 1883 (= MA AA 6,2).
Arator ed. *McKinley* 1951 (= CSEL 72).

1.113 Stilgeschichte. Die stilgeschichtliche Charakteristik dieser Texte mit den Mitteln der antiken Poetik und nach Maßgabe der schulmäßigen Übung der Paraphrase erlaubt es, von »historischgrammatischen« und »rhetorisch-didaktischen« Paraphrasen zu sprechen, von »epischer«, »elegisch-hymnischer« und »dramatisch-lyrischer Umdichtung« des biblischen Wortlauts und ihnen die einzelnen Bibelepen zuzuordnen (Thraede). Die Texte sind unter sich wiederum verbunden durch die Art der *imitatio* und *interpretatio christiana* der klassischen Vorbilder, insbesondere Vergils, ohne daß die apologetische, spiritualisierende oder polemisch kontrastive Form der Rezeption des alten Epos sich in jedem Fall zweifelsfrei bestimmen ließe. Die Entstehung eines christlichen Mythos im Medium der hexametrischen Bibelparaphrase ist erst jüngst thematisiert und in Ansätzen beschrieben worden (Herzog).

Die Untersuchung der dichterischen Technik der Bibelparaphrasten, die sich an der jüngeren Tradition dieser alten geistlichen Kunstübung orientiert, kommt zu dem Ergebnis, daß die einfache wortgetreue Umsetzung des biblischen Textes in Hexameter (Juvencus, Cyprianus) mit jeder Wiederholung des Unternehmens zu Variationen gezwungen war, um nicht in weitgehend identische Produkte zu münden. Variabel war die Auswahl des Stoffs und der vorbildlichen biblischen Formulierungen, variabel auch die Ausführlichkeit oder Kürze der Behandlung, variabel waren insbesondere die Zusätze ornativer und spekulativer Art, die je länger je mehr die einzelne Paraphrase auszeichneten. Während die alttestamentlichen Paraphrasen von Cyprianus bis Avitus der *historia* zugewandt sind und stärker die epische Konvention zu Wort kommen lassen, sind die mehr dogmatisch verpflichteten neutestamentlichen Paraphrasen von Juvencus bis Arator zunehmend auf das theologisch deutbare Detail, auf den exegetischen Zusatz bedacht.

Die auch ästhetisch wirksam werdenden Kompositionsmöglichkeiten der Stoffmasse, wo überhaupt sie angestrebt werden und die Gliederung sich nicht auf die Abgrenzungen der biblischen Vorlage (Cyprianus) oder die numerischen Notwendigkeiten gleichmäßiger Bucheinteilung (Juvencus) beschränkt, liegen in der geistlichen Bedeutsamkeit jeder biblischen Erzähleinheit, jedes Vorgangs, jedes Namens, in der typologischen Verknüpfung des Alten und Neuen Testaments. Wenn Cl. Marius Victorius die drei Bücher seiner »Alethia« mit den Typologien *lignum mortis / lignum vitae* (= Baum der Erkenntnis / Kreuzesholz), Sintflut / Taufe, Löschung des Brandes von Sodom und Gomorrha / Jordantaufe abschließt, so ist das ein solches heilsgeschichtlich begründetes Kompositionsprinzip, wie es sich auch in den jeweils verschieden interpretierten Buchzahlen der Gedichte schon ausspricht.

Literatur:
Adolf Ebert, Allgemeine Geschichte der Literatur des Mittelalters im Abendlande bis zum Beginne des XI. Jh.s. Bd. I. ²1889.
Max Manitius, Geschichte der christlich-lateinischen Poesie bis zur Mitte des 8. Jh.s. 1891.
Otto Bardenhewer, Geschichte der altkirchlichen Literatur. Bd. I–V. 1894–1932. Neudr. der 2. (1.) Aufl. 1962.
Max Manitius, Geschichte der lateinischen Literatur des Mittelalters. Bd. I: Von Justinian bis zur Mitte des zehnten Jh.s. 1911.
Martin Schanz, Geschichte der römischen Literatur bis zum Gesetzgebungswerk des Kaisers Justinian. Vierter Teil: Die römische Literatur von Constantin bis zum Gesetzgebungswerk Justinians. Bd. I: Die Literatur des vierten Jh.s. ²1914. – Bd. II: Die Literatur des fünften und sechsten Jh.s. Von *Martin Schanz, Carl Hosius* und *Gustav Krüger*. 1920 (= Handbuch der Altertumswissenschaft).
Gustav Krüger, Die Bibeldichtung zu Ausgang des Altertums. Mit einem Anhang: Des Avitus von Vienna Sang vom Paradiese. Zweites Buch im Versmaß der Urschrift übertragen. 1919.
F. J. E. Raby, A History of Christian-Latin Poetry from the Beginnings to the Close of the Middle-Ages. ²1953.
Pierre de Labriolle, Histoire de la littérature latine chrétienne. Troisième édition, revue et augmentée par *Gustav Bardy*. 1947 (= Coll. d'études anciennes).
Klaus Thraede, ›Epos‹. RAC VI, 1961, Sp. 983–1042.
Reinhart Herzog, Metapher-Exegese-Mythos. Interpretationen zur Entstehung eines biblischen Mythos in der Literatur der Spätantike. In: Terror und Spiel. Probleme der Mythenrezeption. Hrsg. v. Manfred Fuhrmann 1971, S. 157–185.

1.114 Poetik. Von großem Interesse sind die prosaischen und versmäßigen Widmungsbriefe und Prologe, in denen sich die Autoren zu ihrem gewagten Vorhaben äußern, die Bibel in Vergilverse zu kleiden. Ernst Robert Curtius hat in diesen Selbstinterpretationen und Selbstrechtfertigungen »den Ansatz zu einer christlichen Literaturtheorie« erblicken wollen. »Weil die christlichen Epiker eine antike Gattung fortsetzten, konnten sie einen Zwiespalt zwischen der heidnischen Form und dem christlichen Stoff empfinden. Sie mußten sich genötigt fühlen, sich mit der heidnischen Kunstübung auseinanderzusetzen. Hier liegt ein Ansatzpunkt für literaturtheoretische Reflexionen des Vormittelalters« (Curtius S. 453 f.).

Die einschlägigen Texte sind die *Praefatio* des Juvencus, die einleitenden Verse der Proba, die *Epistola ad Macedonium* des Sedulius und die Verspraefatio zum ersten Buch des »Carmen paschale«, die *Precatio* des Cl. Marius Victorius, der Brief an Bischof Apollinaris des Avitus und die drei Versdedikationen *ad Florianum, ad Vigilium* und *ad Parthenium* des Arator. Freilich zeichnen sich die theoretischen Äußerungen der Autoren kaum je durch Originalität aus. Vielmehr bringen sie die in der frühen Patristik formulierten Argumente für und wider die Aneignung des heidnischen Erbes in höchst begrenzter, auf den Zweck poetischer Bibelparaphrase bezogener Auswahl. Diese Argumente sind weitgehend apologetischer Natur: man rechtfertigt sich mit dem Beispiel des Sängers David, mit der poetischen Form einzelner biblischer Bücher in der Ursprache und mit der werbenden Kraft der Versform gegenüber einfacher Prosa. Häufig ist auch der inhaltliche Hinweis auf die Überlegenheit der christlichen Wahrheit gegenüber den Lügen des heidnischen Mythos und der ihn transportierenden Poesie. Positiv bestimmt wird der Zweck geistlicher Dichtung als Lob Gottes, Selbstheiligung des Verfassers und Erbauung der Leser oder Hörer. Folgenreich ist die aus solcher Haltung sich speisende Ansicht von der Verdienstlichkeit geistlicher Dichtung, wie sie zuerst Juvencus formuliert. Eine poetologische Auseinandersetzung mit der rezipierten antiken Gattung Epos findet nicht statt (Thraede 1961, Sp. 997f.).

Literatur:
Ernst Robert Curtius, Europäische Literatur und lateinisches Mittelalter.
 1948. ⁶1967, S. 453–457.
Thraede 1961.
Klaus Thraede, Untersuchungen zum Ursprung und zur Geschichte der
 christlichen Poesie I–III. JbAC 4, 1961, S. 108–127. 5, 1962, S. 125–157.
 6, 1963, S. 100–111.

1.12 Hymnen und Rhythmen

Paraphrastische Umsetzung biblischen Wortlauts in lateinische Verse erfolgte nicht nur in hexametrischen Groß- und Kleinformen sondern auch in der kirchlichen Lieddichtung, den Hymnen, wie in ihren als Kunstlyrik konzipierten späteren Entsprechungen (z. B. Prudentius). Die strophische Form und der geringe Umfang (die liturgische Hymne hat in der Regel sieben Strophen) machen freilich nur ansatzweise so etwas wie Bibelparaphrase möglich.

Wichtiger für die Tradition versmäßiger Bibelparaphrase wurde die seit merovingischer Zeit an Beliebtheit gewinnende Rhythmendichtung, deren akzentuierenden Verse und der gesprochenen Sprache sich annähernde Stilisierung, deren Umfang und oftmals balladeske Erzählhaltung sich auch für die – im Vergleich mit der Hymnendichtung – ausführlichere Wiedergabe biblischer Inhalte eignete. Die meisten dieser Rhythmen merovingischer und karolingischer Zeit sind anonym überliefert, schwer zu datieren und kaum zu lokalisieren.

Inhaltlich gesehen gibt es Gedichte über Episoden des Alten und Neuen Testaments: heilsgeschichtliche Rhythmen wie den irischen Hymnus »Altus Prosator« oder wie »De fide catholica« des Hrabanus Maurus, alttestamentliche Rhythmen über die Geschichte Josephs (»Audite mirabilia« und »Tertio in flore mundus«), der Esther (»Amplam regalis Susis dicta civitas«) und Judith (»Anno tertio in regno«), Rhythmen über die Verkündigung und Geburt des Herrn (»Angelus Domini Mariae nuntiat«, »A superna caeli parte«, »Alta prolis sanctissime«, »Audite omnes versum verum magnum« u. a.), über Lazarus (»Fuit Domini dilectus« des Paulinus von Aquileia und das anonyme »Homo quidem erat dives«), über die Passion und Auferstehung (»Audite omnes gentes«, »Audite omnes canticum mirabile«, »Tristis venit ad Pilatum« u. a.) und über die letzten Dinge (»Qui de morte estis redempti«, »Apparebunt ante suum«, »Quique cupitis audire«, »A prophetis inquisivi« u. a.).

Diese Rhythmen können bisweilen ganz erheblichen Umfang annehmen und sich der gleichen Mittel epischer Paraphrase und theologischer Exegese bedienen wie die hexametrischen Bibelepen. Auch hier sind die alttestamentlichen Rhythmen stärker um die Wiedergabe der *historia* bemüht, während die neutestamentlichen Rhythmen der Interpretation großen Raum geben. Eindrucksvoll repräsentieren diese auseinandergehenden Tendenzen die oben zitierten Josephsrhythmen und der Lazarusrhythmus des Paulinus von Aquileia.

Literatur:
Editionen:
Guido Maria Dreves, Clemens Blume, H. M. Bannister, (ed.), Analecta Hymnica Medii Aevi. Bd. I–LV. 1886–1922.
dies., Ein Jahrtausend Lateinischer Hymnendichtung. Eine Blütenlese aus den Analecta Hymnica mit literarhistorischen Erläuterungen von Guido Maria Dreves. Nach des Verfassers Ableben revidiert von Clemens Blume. Erster Teil: Hymnen bekannter Verfasser. Zweiter Teil: Hymnen unbekannter Verfasser. 1909.
Walther Bulst, Hymni Latini Antiquissimi LXXV. Psalmi III. 1956.
Monumenta Germaniae Historica. Antiquitates: Poetae Latini Medii Aevi. Poetae Latini Aevi Carolini. Bd. I–VI. 1881–1951.

Sekundärliteratur:
Josef Szövérffy, Die Annalen der lateinischen Hymnendichtung. Ein Handbuch. I. Die lateinischen Hymnen bis zum Ende des 11. Jh.s. 1964.
Wilhelm Meyer von Speyer, Gesammelte Abhandlungen zur mittellateinischen Rhythmik. Bd. I–III. 1905–1936.

Dag Norberg, La poésie latine rhythmique du Haut Moyen Age. 1954 (= Studia Latina Holmensia 2).
Paul Klopsch, Einführung in die mittellateinische Verslehre. 1972.

1.2 Volkssprachige Bibeldichtung

Der Übergang der lateinischen versmäßigen Bibelparaphrase in die Volkssprachen fällt zusammen mit der Entstehung einer volkssprachigen Dichtung literarischen Zuschnitts und christlichen Interesses. Wir haben aber auch Anzeichen dafür, daß schon die überkommene germanische Dichtungspraxis mündlicher Konvention in den Dienst christlicher Inhalte gestellt wurde. Von symptomatischer Bedeutung ist hier Bedas Caedmonerzählung, deren historisch-biographischer Wahrheitsgehalt umstritten, dessen dichtungsgeschichtliche Information aber unbestreitbar ist.

1.21 Caedmon

Im vierten Buch seiner »Historia ecclesiastica gentis Anglorum« (= Kirchengeschichte der Angeln) berichtet der ehrwürdige Bischof Beda vom Koster Whitby in Nordhumbrien, dessen Äbtissin (eine Königstochter) einen Laien in die klösterliche Gemeinschaft aufgenommen hatte. Die Geschichte dieses Caedmon, wie sie im folgenden erzählt wird, speist sich aus dem Repertoire international verbreiteter Dichtermythologien, deren Kern als Vorgang zungenlösender Inspiration dem jeweiligen kulturellen Kontext angepaßt wird. Im Fall des sangesunkundigen Hirten Caedmon übernimmt eine nächtliche Erscheinung die Rolle der Inspiration mit dem Befehl: »Singe vom Anfang der Welt« *(Canta principium creaturarum)*. Und Caedmon singt einen »Hymnus«, der uns außer in Bedas lateinischer Übersetzung in westsächsischen und nordhumbrischen Fassungen überliefert ist, die ihrerseits Rückübersetzungen aus dem Lateinischen zu sein scheinen.

Nach Bedas Erzählung hat der schriftunkundige Caedmon, belehrt durch seine schriftkundigen Klosterbrüder, alles was er durch bloßes Hören auffassen konnte *(quae audiendo discere poterat)* in wohlklingende Gedichte verwandelt:

»So sang er von der Erschaffung der Welt, von der Entstehung des Menschengeschlechts und der ganzen Genesis, von dem Auszug der Israeliten aus Ägypten und der Heimkehr ins Land der Verheißung, von weiteren geschichtlichen Erzählungen der Heiligen Schrift, von der Fleischwerdung des Herrn, der Passion, Auferstehung und Himmelfahrt, von der Ausgießung des Heiligen Geistes und der Lehre der Apostel. Weiter machte er viele Gedichte über die Schrecken des künftigen Gerichts, über die furchtbare Höllenpein und die Seligkeit des ewigen Lebens, und sehr viele andere über die himmlische Gnade und Rache.«

Literatur:
Editionen:
Venerabilis Bedae Historiam Ecclesiasticam Gentis Anglorum, Historiam Abbatum, Epistolam ad Ecgberctum una cum Historia Abbatum Auctore Anonymo ad fidem codicum manuscriptorum denuo recognovit, commentario instruxit *Carolus Plummer.* 1896. Repr. 1946.
Albert Hug Smith, Three Northumbrian Poems: Caedmon's Hymn, Bede's Death Song and the Leiden Riddle. 1933.
Elliott van Kirk Dobbie, The Manuscripts of Caedmon's Hymn and Bede's Death Song, with a Critical Text of the Epistola Cuthberti de Obitu Bedae. 1937.

Sekundärliteratur:
Georg Baesecke, Vorgeschichte des deutschen Schrifttums. 1940.
C. Grant Loomis, The Miracle Tradition of the Venerable Bede. Spec. 21, 1946, S. 404–418.
C. W. Wrenn, The Poetry of Caedmon. Proceedings of the British Academy 33, 1947, S. 277–295. Dazu: *George Kane,* MLR 43, 1948, S. 250–252.
G. Shepherd, The Prophetic Caedmon. RES N. S. 5, 1954, S. 113–122.
Francis P. Magoun Jr., Bede's Story of Caedman: the Case-History of an Anglo-Saxon Oral Singer. Spec. 30, 1955, S. 49–63.
Kemp Malone, Caedmon and English Poetry. MLN 76, 1961, S. 193–195.
N. F. Blake, Caedmon's Hymn. NQ 9, 1962, S. 243–246.
G. E. Lester, The Caedmon Story and its Analogues. Neoph. 58, 1974, S. 225–237.

1.22 Stabreimende Bibeldichtung der Angelsachsen

1.221 Texte. Die ältesten angelsächsischen Bibelparaphrasen sind zusammen mit jüngeren Stücken überliefert in der Sammelhandschrift Codex Iunius XI der Bibliotheca Bodleiana in Oxford. Sie enthält die Gedichte über das Alte Testament »Genesis«, »Exodus« und »Daniel« und den neutestamentlichen Zyklus »Christ und Satan«. Die altenglische »Genesis« besteht aus einem originalen Teil ›Genesis A‹ und einer aus dem Altsächsischen stammenden Interpolation ›Genesis B‹. Das Gedicht bricht ab mit der Episode von Isaaks Opferung und Errettung. Ob es sich dabei um den ursprünglichen Schluß handelt, ist unklar. Die altenglische »Exodus« gehört zu den merkwürdigsten und rätselhaftesten Gedichten dieses Genres. Paraphrasiert wird lediglich der Durchzug durchs rote Meer (Ex. 13,17–22 und Ex. 14), dies aber in so künstlicher und verdunkelnder Form mit allen Mitteln ererbter Dichtersprache, daß der zugrundeliegende biblische Wortlaut kaum noch kenntlich ist. Die Geschichte

»Daniels« enthält u. a. den Lobgesang des Azarias und der drei Jünglinge im Feuerofen, die in sehr ähnlicher Form auch gesondert überliefert sind und in der Literaturgeschichte unter dem Titel »Azarias« figurieren. »Christ und Satan« schließlich besteht aus drei Teilen: Klage der gefallenen Engel – Auferstehung und Himmelfahrt Christi – Versuchungsgeschichte. Die eigentümliche Abfolge und relative Selbständigkeit der drei Abschnitte legen den Schluß nahe, es handele sich nicht um eine ursprünglich einheitliche Konzeption. Doch auch hier ist die Frage nach der Einheit des Gedichts ungeklärt.

Im Beowulfmanuskript (Codex Cott. Vitellius A. XV) ist ein Gedicht über »Judith« enthalten, das mit der Erzählung vom Gelage des Holofernes, seiner Trunkenheit und Lust auf Judith einsetzt und mit dem Triumph der siegreichen Hebräer endet. Ungelöst ist das Problem des Umfangs der verlorenen Eingangspartie.

Hinzu kommen kleinere Gedichte über Christi Höllenfahrt (»The Descent into Hell«), über die letzten Dinge (»Doomsday Poems A und B«) und über apokryphe Stoffe (»Andreas«, »Fates of the Apostles«).

Für sich steht die unter dem Namen »Christ« (oder ›Crist‹) in der Literaturgeschichtsschreibung geführte Kompilation aus der Exeterhandschrift, deren zweiter Teil (›Crist II‹) sich durch die in die Schlußverse eingeflochtenen Runen als Werk des Cynewulf zu erkennen gibt und damit dem Zeitraum zwischen 770 und 840 angehört. ›Crist II‹ ist die stabreimende Bearbeitung einer Homilie Gregors des Gr. zur Himmelfahrt Christi. ›Christ I‹ enthält eine Reihe hymnischer Stücke (nach dem Vorbild der Antiphonen zur Adventszeit) über die Menschwerdung Gottes, die Jungfrauengeburt, die Erlösung u. a. Dieser Teil wurde in neuerer Zeit unter dem treffenderen Titel »Advent Lyrics« auch gesondert ediert. ›Crist III‹ schließlich gehört zu den »Doomsday Poems« und schildert die Auferweckung der Toten, Weltenbrand, jüngstes Gericht, die Qualen der Verdammten und den Jubel der Geretteten.

Literatur:
Editionen:
Ich nenne hier nur die beiden wichtigsten Sammeleditionen, die jedoch durch jüngere Einzelausgaben vielfach überholt sind.
Bibliothek der Angelsächsischen Poesie. Begründet von *Christian W. M. Grein.* Neu bearbeitet, vermehrt und nach neuen Lesungen der Handschriften hrsg. von *Richard Paul Wülker.* Bd. I–III. 1881 ff.
The Anglo Saxon Poetic Records. A Collective Edition. Bd. I–VI. 1931 ff. (ed. *George Philip Krapp* und *Elliott van Kirk Dobbie*).

Übersetzungen:
C. W. M. Grein, Dichtungen der Angelsachsen stabreimend übersetzt. Manualdruck der Erstausgabe von 1857. Bd. I–II. 1930.
Charles W. Kennedy, The Caedmon Poems. Translated into English Prose. 1916. Neudr. 1965.

1.222 Autoren und Datierung. Die Probleme der Datierung und Lokalisierung sind beim gegenwärtigen Stand der Forschung unlösbar. In der älteren Forschung schrieb man, gestützt auf den Bericht Bedas und besonders auf den dort enthaltenen Katalog der von Caedmon angeblich behandelten Stoffe, die aus dem 8. (?) und 9. Jh. überlieferten stabreimenden Bibeldichtungen der Angelsachsen Caedmon selbst zu. Geblieben ist von dieser überholten Ansicht nur die Konvention des Sprachgebrauchs: ›Caedmonsche Gedichte‹, ›Caedmonian Cycle‹ u. ä., ohne daß damit mehr ausgesagt wäre, als daß es sich hier um anonyme Texte ein und derselben Tradition handelt. Die hypothetischen Festlegungen sind bis in unsere Tage samt und sonders umstritten. Umstritten ist insbesondere die Frage nach der Priorität dieser angelsächsischen geistlichen Buchdichtung vor den altsächsischen stabreimenden Bibelparaphrasen »Genesis« und »Heliand« (cf. Dietrich Hofmann 1957 und 1958/59. Dagegen Edward B. Irving 1959). Fest steht, daß spätestens im ersten Drittel des 8. Jh.s, als Beda seine Kirchengeschichte schrieb und abschloß, die Möglichkeit biblischer Dichtung in heimischen Stabreimversen bekannt gewesen sein muß, lange Zeit also vor den ersten Zeugnissen vergleichbarer Erscheinungen auf dem Kontinent. Unsicher ist, ob ein schon ausgebildetes angelsächsisches Buchepos musterhaft gewirkt haben könne auf die Entstehung gleichartiger Gedichte auf dem Kontinent oder ob nicht vielmehr die mündlich geübte Praxis solche Anregungen weitergab. Durchaus unwahrscheinlich ist, daß eines der *erhaltenen* angelsächsischen Gedichte in der uns bekannten Gestalt direkt auf die altsächsische und althochdeutsche volkssprachige Bibeldichtung Einfluß genommen oder gar sie erst angeregt hat.

Literatur:
Dietrich Hofmann, Untersuchungen zu den altenglischen Gedichten Genesis und Exodus. A 75, 1957, S. 1–34.
ders., Die altsächsische Bibelepik ein Ableger der angelsächsischen geistlichen Epik? ZfdA 89, 1958/59, S. 173–190. Wieder in: *Jürgen Eichhoff* und *Irmengard Rauch* (ed.), Der Heliand. 1973 (= WdF 321), S. 315–337. Nachtrag 1972: S. 337–343.
Edward B. Irving Jr., On the Dating of the Old English Poems »Genesis« and »Exodus«. A 77, 1959, S. 1–11.

1.223 Stilgeschichte. Der literarische Charakter der altenglischen stabreimenden Bibelparaphrase unterscheidet sich insofern von den lateinischen Urbildern (deren Vorbildlichkeit umstritten ist), als sie in den erzählenden Stücken (»Genesis«, »Exodus«, »Judith« und weithin auch »Christ und Satan«) weniger durch theologische Details als durch moralisch-katechetische Wendungen bereichert erscheinen, im übrigen aber ihren Umfang und literarischen Charakter gewinnen durch epische Paraphrase, Bildlichkeit (cf. die Kenningar der »Exodus«) und Variation. Anders verhält es sich in den Stücken, die auf theologische Texte zurückgehen und also erst eigentlich ›Literatur‹, an Schrift und Buch gebundene volkssprachige Dichtung darstellen. Hier ist geistliche Gelehrsamkeit am Werk, die sich sonst, wo immer sie behauptet wird, nur spekulativ erschließen läßt.

Theoretische Ausagen etwa in Form von Selbstinterpretationen der Autoren fehlen ganz. Die einzige Auskunft über Vorgang, Zweck und Inhalt stabreimender Bibelparaphrase gibt Beda in seiner zitierten Caedmonlegende.

Literatur:
Kemp Malone, The Middle Ages. Part I: The Old English Period (to 1100). In: A Literary History of England. Edited by Albert C. Baugh. 1948.
Walter F. Schirmer, Geschichte der englischen und amerikanischen Literatur von den Anfängen bis zur Gegenwart. 5., unter Mitwirkung von *Arno Esch* neubearbeitete Auflage. 1968.
George K. Anderson, The Literature of the Anglo-Saxons. Revised Edition. 1966.
C. L. Wrenn, A Study of Old English Literature. 1967.

2. Altdeutsche Bibeldichtung

Die volkssprachige Bibeldichtung des 9. Jh.s auf dem Kontinent, die hier als ›altdeutsch‹ bezeichnet wird, gliedert sich entweder nach Schriftdialekt in ober- und niederdeutsche Texte oder richtiger hinsichtlich ihrer Form in stabreimende Gedichte, die wie die angelsächsische Poesie den ererbten Konventionen germanischer Dichtungspraxis folgen, und endreimende Gedichte, deren Herkunft bislang als jünger galt und auf das Beispiel kirchlich-lateinischer Reimdichtung zurückgeführt wurde (dagegen Günther Schweikle 1967). Jedenfalls gehörte in einer nicht nationalsprachlich orientierten Literaturgeschichtsschreibung die angelsächsische, altsächsische und althochdeutsche geistliche Stabreimdichtung in einen eigenen durch sie begründeten Zusammenhang, während die althochdeutsche Endreimdichtung einen Komplex anders gerichteter geistlich-poetischer Ambition ausmacht.

Als historisch erst nach 800 in Erscheinung tretende Produkte einer geistlich legitimierten volkssprachigen Dichtung erscheinen die altdeutschen Bibelgedichte auch nach zwei Generationen noch als Frucht der karlischen Bildungsreform, deren Bedeutung für die Volkssprachen und ihre Literarisierung bekannt ist. Ob die hier zu behandelnden Texte freilich in funktionalem Zusammenhang mit diesen Reformbestrebungen zu sehen sind oder nicht nur von ihnen ihre Rechtfertigung beziehen, ist ebenso unklar wie die davon abgeleitete konkrete Bestimmung dieser Dichtung als im Dienst stehend einer elastischen Missionstaktik (Erb). Von Beda wissen wir, daß Caedmons Gesänge im Kloster und für die Klosterbrüder entstanden, dort gelegentlich aufgezeichnet wurden (?); aber nichts davon, daß sie liturgischen oder lehrmäßigen Zwecken gedient hätten, die auf Laien ausgerichtet gewesen wären. Sie stehen also in ihrer sozialhistorischen Funktion nur mittelbar im Zusammenhang mit dem Prozeß der Christianisierung und Feudalisierung Mitteleuropas. Es ist »Mönchsdichtung«, deren Tradition die literarische Entwicklung der deutschen Sprache bis ins 12. Jh. bestimmt (Meissburger 1970). Und sie konterkariert das Dichtungsverständnis, die Dichtungserwartung einer alten Führungsschicht, die (wie im alten Reich) die kirchlichen Instanzen für sich reklamierte.

Literatur:
Sozial- und Geistesgeschichte:
Albert Hauck, Kirchengeschichte Deutschlands. Bd. I–II. 1904–1912. Neudr. 1953.

Aloys Schulte, Der Adel und die deutsche Kirche im Mittelalter. Studien zur Sozial-, Rechts- und Kirchengeschichte. 1910. ³1958.
Gustav Schnürer, Kirche und Kultur im Mittelalter. Bd. I. ³1936. Bd. II. ²1929.
Heinrich Dannenbauer, Die Entstehung Europas. Von der Spätantike zum Mittelalter. Zweiter Band: Die Anfänge der abendländischen Welt. 1962.
Wolfgang Braunfels (ed.), Karl der Große. Lebenswerk und Nachleben. Bd. I-IV. 1965.
Jan Dhondt, Das frühe Mittelalter. 1968 (= Fischer Weltgeschichte 10).
Heinz Löwe, Deutschland im fränkischen Reich. In: Gebhardt, Handbuch der deutschen Geschichte. Neunte, neu bearbeitete Auflage, herausgegeben von *Herbert Grundmann*. Bd. 1: Frühzeit und Mittelalter, Teil II. 1970.
Leo Stern und *Hans-Joachim Bartmuss*, Deutschland in der Feudalepoche von der Wende des 5./6. Jh.s bis zur Mitte des 11. Jh.s. ²1970 (= Lehrbuch der deutschen Geschichte [Beiträge]).

Literaturgeschichte:
Hier führe ich nur die Handbücher an, deren Behandlung der frühen Bibeldichtung in Analyse und Urteil über das bloß zusammenfassende Referat hinausgeht.
Johann Kelle, Geschichte der deutschen Litteratur von der ältesten Zeit bis zur Mitte des elften Jh.s. I: 1892.
Rudolf Kögel, Geschichte der deutschen Litteratur bis zum Ausgange des Mittelalters. Bd. I: Bis zur Mitte des elften Jh.s. Erster Teil: Die stabreimende Dichtung und die gotische Prosa. 1894. – Zweiter Teil: Die endreimende Dichtung und die Prosa der althochdeutschen Zeit. 1897.
Wolf von Unwerth und *Theodor Siebs*, Geschichte der deutschen Literatur bis zur Mitte des elften Jh.s. 1920.
Gustav Ehrismann, Geschichte der deutschen Literatur bis zum Ausgang des Mittelalters. Erster Teil: Die althochdeutsche Literatur. ²1932.
Hermann Schneider, Heldendichtung-Geistlichendichtung-Ritterdichtung. Neugestaltete und vermehrte Ausgabe. 1943.
Helmut de Boor, Die deutsche Literatur von Karl dem Großen bis zum Beginn der höfischen Dichtung 770-1170. Mit einem bibliographischen Anhang. ⁸1971.
Ewald Erb, Geschichte der deutschen Literatur von den Anfängen bis 1160. Erster Halbband. 1963. Zweiter Halbband. 1965.
Gerhard Meissburger, Grundlagen zum Verständnis der deutschen Mönchsdichtung im 11. und 12. Jh. 1970.

2.1 Stabreimdichtung

2.11 »Wessobrunner Schöpfungsgedicht«

2.111 Überlieferung. In einer heute in der Bayerischen Staatsbibliothek aufbewahrten Sammelhandschrift (Clm. 22053) ist neben einigen deutschen Glossen als einziger deutschsprachiger Text unter der Überschrift *De poeta* der Beginn eines stabreimenden Gedichts über die Weltschöpfung eingetragen (Blätter 65ᵛ–66ʳ). Die lückenhaften, durch Punkte unregelmäßig voneinander abgesetzten Verse brechen in der (hergestellten) neunten Langzeile ab. Es folgt ein Gebet in deutscher Prosa.

Literatur:
Editionen:
MSD Nr. I. – *Steinmeyer* Nr. II. – Ahd. Lb. Nr. XXIX.

Facsimile:
Zuletzt in: Schrifttafeln zum Althochdeutschen Lesebuch. Hg. von *Hanns Fischer.* 1966, Tafel 14.

Übersetzungen:
Ehrismann 1932, S. 139.
Horst Dieter Schlosser, Althochdeutsche Literatur. Mit Proben aus dem Altniederdeutschen. Ausgewählte Texte mit Übertragungen und Anmerkungen. Herausgegeben, übersetzt und mit Anmerkungen versehen. 1970 (= Fischer Bücherei 6036).

2.112 Schriftdialekt. Nach der Herkunft der Handschrift aus dem oberbairischen Kloster Wessobrunn bei München trägt das Fragment auch die älteren Namen »Wessobrunner Gebet«, »Wessobrunner Hymne« oder aber neuerdings und wohl treffender »Wessobrunner Schöpfungsgedicht«. Der Schreibort des Gedichts ist jedoch nicht ermittelt. Baesecke dachte zeitweise an Regensburg, Bernhard Bischoff an ein Kloster der Diözese Augsburg. Der Schreibdialekt weist überwiegend bairische Merkmale auf *(cootlîh, paum, pereg).* Nicht oberdeutsch ist *Dat* (vv. 1 und 2) und *gafregin ih* (entsprechend dem altsächsischen *gifragn ik* bzw. angelsächsischen *ʒefraeʒn ic*). Reminiszenzen an angelsächsischen Schreibgebrauch sind die Sternrune ★ für das Präfix *ga-* und die tironische Abkürzung 7 für die Kopula lateinisch *et,* althochdeutsch *enti.* Das Prosagebet ist dagegen in rein bairischem Dialekt aufgezeichnet.

Literatur:
Willy Krogmann, Die Mundart der Wessobrunner Schöpfung. ZfMda. 13, 1937, S. 129–149.
Bernhard Bischoff, Die südostdeutschen Schreibschulen und Bibliotheken in der Karolingerzeit. Teil I: Die bayerischen Diözesen. Mit 32 Schriftproben. ²1960, S. 18–21.
Ute Schwab, Die Sternrune im Wessobrunner Gebet. Beobachtungen zur Lokalisierung des clm 22053, zur Hs. BM Arundel 2393 und zu Rune Poem V., 86–89. 1973 (= Amsterdamer Publikationen zur Sprache und Literatur 1).

2.113 Datierung. Die Entstehungszeit muß vor 814 liegen, dem Datum der Fertigstellung der Handschrift. Alle weitergehenden Schlüsse bleiben Spekulation.

2.114 Form. Die (aus Gründen der Überlieferung?) z. T. regelwidrige Stabverteilung im Versteil ist Anlaß zu Besserungen und Konjekturen. Auch die Form des Prosateils, den man früher versmäßig zu verstehen versucht hatte, ist neuerdings wieder zur Diskussion gestellt und auf rhythmische Qualitäten hin befragt worden.

Literatur:
Leslie Seiffert, The Metrical Form and Composition of the Wessobrunner Gebet. MAO 31, 1962, S. 1 f.
Peter F. Ganz, Die Zeilenaufteilung im ›Wessobrunner Gebet‹. Festschrift I. Schröbler 1973 (= Beitr. 95, Sonderheft), S. 39–51.

2.115 Inhalt und Quellen. Das poetische Bruchstück präsentiert kosmogonische Vorstellungen. ›Vor Anfang der Welt waren weder Erde noch Himmel noch Baum noch Berg, weder Sonne, Mond noch Meer; nur Gott war da und mit ihm seine Engel.‹ Die Weltentstehung als Thema der volkssprachigen Poeten weltlicher (»Beowulf« vv. 90 ff.) und christlich-geistlicher Provenienz (Beda/Caedmon) ist direkt und indirekt bezeugt. Für das »Wessobrunner Schöpfungsgedicht« kommen als Quellen neben der Genesiserzählung auch Psalmenverse wie Ps. 89,2 in Frage: *Priusquam montes fierent, Aut formaretur terra et orbis, A saeculo et usque in saeculum tu es Deus.* Zugleich erinnern die einleitenden Negativformeln aber auch an Beschreibungen des Nichtseienden, wie sie die traditionelle germanische Poesie gekannt haben mag und etwa noch in der eddischen »Völuspá« bewahrt hat. Auch die Stilisierung in den Formeln *mareo seo* und *manno miltisto* scheint heroischer Konvention zu entstammen, obwohl gerade *Deus mitissimus* liturgisch geläufig ist (Kelle 1892, S. 76). An der christlichen Grundhaltung des Gedichts wird heute nicht mehr gezweifelt.

Über die dichterische Leistung läßt sich angesichts des geringen Umfangs und der mangelhaften Überlieferung wenig sagen. Ehrismann hat ausführlich die unterschiedliche Stilhaltung der ›beiden Teile‹ (AI = vv. 1–5 und AII = vv. 6–9) zu beschreiben versucht: »Der *Stil* der beiden Teile ist verschieden, der von AI ist episch, der von AII theologisch« (1932, S. 142). Das übersteigt weit die Tragfähigkeit der allzu knappen und ungesicherten Textbasis. Vollends gehen alle Spekulationen über den ›ursprünglichen‹ Umfang des Gedichts fehl, die auf dem Boden solcher Stilbeobachtungen bauen (l. c.).

Literatur:
Albert Leitzmann, Zu den kleineren ahd. denkmälern. 1. Die quelle des Wessobrunner gebets. Beitr. 39, 1914, S. 548–554.
M. H. Jellinek, Das Wessobrunner Gebet. Beitr. 47, 1923, S. 127–129.
Georg Baesecke 1940, S. 73 f. und 381.
Arno Schirokauer, »Der mareo seo«. PMLA 65, 1950, S. 313–318.
D. R. Lintock, The Negatives of the Wessobrunn Prayer. MLR 52, 1957, S. 397 f.
Gemma Manganella, Il ›caos‹ del Wessobrunner Gebet. AION 8, 1965, S. 285–291.

2.116 Funktion. Das überlieferte Fragment des »Wessobrunner Schöpfungsgedichts« steht zwischen ererbter schriftloser Dichtungspraxis und (auf die Volkssprache ausgedehnter) schriftlich-lateinischer Literaturübung. Hier liegt m. E. der Grund für die unvollständige Aufzeichnung und das angefügte Prosagebet. Es ist nicht nur möglich, sondern wohl sogar wahrscheinlich, daß wir es mit den Anfangszeilen eines nur mündlich verbreiteten längeren Gedichts zu tun haben. Die Aufzeichnung der Eingangsverse hat Memorialcharakter, während man sich den Wortlaut des gesamten Gedichts im Sinn der germanischen Dichtungspraxis als mündlich reproduziert vorstellte und zunächst nur so vorstellen konnte. Der bislang rätselhafte Titel *De poeta* wäre demnach im Einklang mit dem vulgärlateinischen syntaktischen Gebrauch partitiv aufzufassen: ›aus einem Gedicht‹. Das abschließende Gebet aber hätte – obwohl zusammengesetzt aus geläufigen liturgischen Formeln – dann den Zweck, den Schluß der Rezitation zu markieren im Sinn des Programms geistlicher Dichtung seit je: die Bitte, im Glauben gestärkt und gegen das Böse bewaffnet zu werden – auch durch die Anhörung eines Bibelgedichts, wie es das »Wessobrunner Schöpfungsgedicht« dargestellt haben mag.

Anders stellt sich die Frage nach der Funktion des schriftlichen

Zitats solchen volkssprachigen Gedichts im Kontext einer lateinischen Sammelhandschrift, deren Charakter hinsichtlich der Symbiose verschiedenartiger Texte und Exzerpte theologischer und wissenschaftlicher Gelehrsamkeit noch keine endgültige Erklärung gefunden hat. Das Zitat des Schöpfungsgedichts steht im Zusammenhang von Notizen zur Zeitrechnung (Arithmetik) beziehungsweise als Beispiel für die Disziplin der Rhetorik im größeren Kontext der zuvor angeführten *septem artes liberales*. Warum ein volkssprachiges Gedicht angeführt wird, wo der Codex außer einigen Glossen sonst nur lateinische Texte enthält, ist damit noch nicht geklärt. Baesecke erinnerte an den Typus irischer ›Schulhefte‹, die vergleichbare Einschübe volkssprachiger Provenienz kennen (Baesecke 1953, S. 162 f.).

Literatur:
Georg Baesecke, Frühgeschichte des deutschen Schrifttums. 2. Lieferung herausgegeben von *Ingeborg Schröbler.* 1953, S. 162 ff.
Herbert Grundmann, Litteratus – illiteratus. AKG 40, 1958, S. 1–65.
Michael Curschmann, Oral Poetry in Medieval English, French, and German Literature: Some Notes on Recent Research. Spec. 42, 1967, S. 36–52.
Dietrich Hofmann, Vers und Prosa in der mündlich gepflegten mittelalterlichen Erzählkunst der germanischen Länder. In: Frühmittelalterliche Studien 5, 1971, S. 135–175.

2.12 »Muspilli«

2.121 Überlieferung. In größerem Umfang als das »Wessobrunner Schöpfungsgedicht« wurde ein stabreimendes Gedicht über die letzten Dinge aufgezeichnet, das seit seinem ersten Herausgeber J. A. Schmeller den Titel »Muspilli« trägt nach dem Zitat dieses rätselvollen Wortes in v. 57. Ein offenbar sehr ungeübter Schreiber hat das Gedicht auf den leeren Anfangs- und Schlußseiten (61^r und 120^v–121^v; die Seitenzahlen erklären sich aus einer spätmittelalterlichen Zusammenbindung mit einer anderen Handschrift) und auf den Rändern der Blätter 119^v und 120^r einer Handschrift des pseudoaugustinischen Sermo »De symbolo contra Judaeos« eingetragen. Die Handschrift gehörte nach Auskunft der Dedikationsverse als Geschenk von Bischof Adalram von Salzburg (821–836) König Ludwig dem Deutschen; die Eintragung des deutschen Gedichts ist wohl erst in der zweiten Hälfte des 9. Jh.s vorgenommen worden. Da Anfang und Schluß des Gedichts fehlen, liegt die Vermutung nahe, es seien ursprünglich auch die Innenseiten der – durch die spätere Umbindung (?) – verloren gegangenen Buchdeckel beschrieben gewesen. Die Art der Eintragung auf den leeren Flächen eines lateinischen Codex spiegelt deutlich den noch immer ungewöhnlichen Vorgang, Dichtungen aufzuzeichnen, die der heimischen Tradition mündlicher Poesie angehören.

Literatur:
Editionen:
MSD Nr. III. – *Steinmeyer* Nr. XIV. – Ahd. Lb. Nr. XXX.

Facsimile:
Fischer 1966, Tafel 15.
Cola Minis, Handschrift, Form und Sprache des Muspilli. 1966 (= Philologische Studien und Quellen 35).

Übersetzungen:
Hans Naumann, Frühgermanentum. Heldenlieder und Sprüche übersetzt und eingeleitet. 1926, S. 87–90.
Schlosser 1970, S. 201–205.

2.122 Schriftdialekt. Die Vermutung, König Ludwig (oder auch seine Gemahlin Hemma) könne selbst der Schreiber gewesen sein, ist bloße Spekulation. Weder der paläographische Befund (es fehlen Handschriftenproben der vindizierten hohen Schreiber) noch die Vieldeutigkeit des Schriftdialekts können die alte und noch von der jüngeren Forschung gelegentlich wiederholte These stützen. Die Uneinheitlichkeit in lautlicher und lexikalischer Hinsicht hat die verschiedensten Erklärungen gefunden. Man hat an die Möglichkeit einer hochdeutschen Übersetzung eines ursprünglich altsächsischen oder sogar angelsächsischen Liedes gedacht und also die Grundsprache des »Muspilli« als ›altniederfränkisch‹ (Minis) bestimmt. Dem entgegengesetzt war der Versuch, die verschiedenen Sprachschichten auf eine oberdeutsche Grundlage zurückzuführen: »Eine altbair. aus dem Anfang des 9. Jh.s, eine jüngere bair. nicht lange nach ±850 und eine fränk., für die grosso modo das 9. Jh. anzusetzen ist« (van Delden 1942, S. 312). Die letzte Untersuchung spricht – nach dem Beispiel entsprechender Thesen zur Heliandsprache – vermutungsweise von einer »Mischsprache in der adligen Oberschicht« (Bergmann 1971, S. 316), in der das »Muspilli« ursprünglich abgefaßt worden sein solle. Die fränkischen Merkmale weisen danach eher ins Südrheinfränkische, »die Sprache Otfrids« (l. c.). Die Unsicherheit bleibt:

»Über die Feststellung der sprachlichen Uneinheitlichkeit des Muspilli und die Zuweisung der verschiedenen Elemente seiner Sprache an das Bairische und das Südrheinfränkische ist wohl vorläufig nicht hinauszugelangen. Die vorgebrachten Argumente für eine altniederfränkische Vorstufe wie für eine ursprünglich bairische Fassung haben sich als nicht stichhaltig erwiesen, so daß im ganzen die Unsicherheiten hinsichtlich dieses ›verzweifelten‹ Denkmals weiter wachsen« (l. c. S. 316).

Literatur:
Willi Krogmann, Ein verlorenes altsächsisches Lied vom Ende der Welt in hochdeutscher Übersetzung. 1937 (= Germ. Studien 196).
Rudolf van Delden, Die sprachliche Gestalt des Muspilli und ihre Vorgeschichte im Zusammenhang mit der Abschreiberfrage. Beitr. 65, 1942, S. 303–329.
Minis 1966. Dazu:
Willy Krogmann, Eine niederfränkische Vorstufe des »Muspilli«? Leuv. Bijdr. 56, 1967, S. 126–137.
Rolf Bergmann, Zum Problem der Sprache des Muspilli. In: Frühmittelalterliche Studien 5, 1971, S. 304–316.

2.123 Form. Das »Muspilli« ist neben dem »Wessobrunner Schöpfungsgedicht« das einzige *hochdeutsche* Zeugnis einer christlichen Stabreimdichtung. Die überlieferten 106 Langzeilen (die Zahl schwankt je nach Textherstellung) sind nur unregelmäßig durch Punkte voneinander abgesetzt. Die metrische Zerrüttung geht viel weiter als etwa im »Hildebrandslied«, so daß man geradezu von einer »Vorstufe auf dem Wege vom Stab- zum Endreimverse« (Baesecke 1948/50, S. 203) hat sprechen können. Verstöße gegen die geregelte Stabverteilung (vv. 3, 13, 15, 22, 37, 49, 53, 57, 58, 59, 74 a, 90), fehlender Stabreim (vv. 61, 62, 78, 79), unvollständige Verse (vv. 18, 48, 97, 99 a) und regelrechte Reimverse (vv. 61 f.) charakterisieren die überlieferte Fassung des Gedichts.

Literatur:
Ich zitiere hier nur die Handbücher. Im übrigen vergleiche die unten genannte Sekundärliteratur, besonders die Arbeiten von Baesecke und Schneider.
Eduard Sievers, Altgermanische Metrik. 1893 (= Slg. kurzer Grammatiken germanischer Dialekte. Ergänzungsreihe Bd. II), § 130–136.
Kögel 1894, S. 327–332.
Andreas Heusler, Deutsche Versgeschichte mit Einschluß des altenglischen und altnorwegischen Stabreimverses. Bd. I–III. 1925/27/29. ²1956 (= Grundriß der germanischen Philologie 8, 1–3), § 435.
Klaus von See, Germanische Verskunst. 1967 (= Sammlung Metzler 67), § 21.2.

2.124 Inhalt. Inhalt, Quellen und Theologie des Fragments sind problematisch wie alles am »Muspilli«. Mit den ungeklärten Fragen hängt zusammen die Unsicherheit hinsichtlich der Einheit des Gedichts oder seines Kompilationscharakters. Die Gliederung des überlieferten Versbestandes schwankt erheblich je nach Herstellung und inhaltlicher Interpretation. Nach Ehrismann (1932, S. 150) stellt sich die Disposition (in freier Wiedergabe) so dar:

Teil I: Einzelschicksal der Seele nach dem Tode (vv. 1–30)
vv. 1–5   Kampf der Engel und Teufel um die Seele
vv. 6–10   Weg in die Hölle
vv. 11–17 Weg in den Himmel
vv. 18–30 Geistliche Mahnung, Gottes Willen zu tun und Warnung vor den Schrecken der Hölle

Teil II: Weltschicksal und jüngstes Gericht (vv. 31–103)
vv. 31–36 Gerichtsgebot
vv. 37–62 Eliaskampf und Weltenbrand
   vv. 37–47 nach Meinung der *weroltrehtwison* siegt Elias über den Antichrist
   vv. 48–62 nach Meinung der *gotman* wird Elias verwundet (getötet?), aus seinem zur Erde tropfenden Blut entsteht der Weltenbrand
vv. 63–72 Warnung vor falschem Urteil und bestechlichen Richtern
vv. 73–103 Jüngstes Gericht
(Die Verszahlen beziehen sich hier wie im folgenden immer auf die Edition im Althochdeutschen Lesebuch).

Dagegen hat Baesecke in einer Reihe von Untersuchungen seit 1918 die Uneinheitlichkeit des »Muspilli« betont und sie auf die Kompilation zweier verschiedener Gedichte zurückzuführen gesucht. Insbesondere ging es ihm um den Nachweis der Selbständigkeit der Verse 37–62 (= ›Muspilli II‹) durch formale, inhaltliche und quellenmäßige Argumente. Verkürzt wiedergegeben (und ohne Rücksicht auf die Modifikationen, denen Baeseckes Verständnis des Gedichts selbst unterlag):

Ia: vv. 1–30 Endgültige Entscheidung nach dem Tode
    (Ib: vv. 31–36 moralisierender Einschub)
II: vv. 37–62 »Muspilli«
Ib: vv. 63–103 Jüngstes Gericht

Danach handelt es sich um »drei Meinungen über die letzten Dinge [...]. Und das ist eine Dreiheit von eschatologischen Einzeldichtungen, die uns durch jene Liste der Cädmonlegende [...] insbesondere für die fuldisch-hrabansche Phantasie bezeugt wird« (1948/50, S. 236).

Cola Minis, der in seiner Monographie am konsequentesten von der Einheit des »Muspilli« ausgeht, kommt zu einer in sich stimmigen Abfolge thematischer Komplexe:

vv. 1–5 Tod des Menschen
vv. 6–10 Engel oder Gefolge des Satans
vv. 11–17 Freuden des Himmels
vv. 25–30 Qualen der Hölle
vv. 31–36 Die Vorladung
vv. 37–43 Elias und der Antichrist
vv. 44–47 Elias siegt
vv. 48–54 Der Antichrist siegt
vv. 55–60 Die Folgen
vv. 73–78 Die Posaune des Jüngsten Gerichts
vv. 79–84 Tote steigen aus den Gräbern
vv. 85–89 Der Gerichtsgang
vv. 90–96 Verantwortung vor Gericht
vv. 99–103 Anschauung des Erlösers

Es handelt sich hier also nicht um die fortlaufende Paraphrase eines bestimmbaren biblischen Grundtextes, sondern um die freie Umsetzung der immer wieder behandelten eschatologischen Thematik in die Konventionen der Stabreimdichtung. Das »Muspilli« unterscheidet sich damit grundsätzlich (wenn wir von dem schwer einschätzbaren Fragment des »Wessobrunner Schöpfungsgedichts« absehen) von den hier behandelten erzählenden Bibelgedichten.

Literatur:
Georg Baesecke, Muspilli. SPAW, phil.-hist. Kl. 21, 1918, S. 414–429. Wieder in: *G. B.*, Kleine metrische Schriften nebst ausgewählten Stücken seines Briefwechsels mit Andreas Heusler herausgegeben und mit einem Nachwort versehen von *Werner Schröder*. 1968 (= Studien und Quellen zur Versgeschichte 2), S. 30–35.
Gustav Neckel, Studien zu den germanischen Dichtungen vom Weltuntergang. SAWH 1918.
Georg Baesecke, Der Vocabularius S. Galli in der angelsächsischen Mission. 1933, S. 124–138.
Hermann Schneider, Muspilli. ZfdA 73, 1936, S. 1–32. Wieder in: Kl. Schr. 1962, S. 165–194.
Georg Baesecke, Muspilli II. ZfdA 82, 1948/50, S. 199–239.
Herbert Kolb, »Vora demo Muspille«. Versuch einer Interpretation. ZfdPh. 83, 1964, S. 2–33.
Minis 1966.
Herbert Kolb, Himmlisches und irdisches Gericht in karolingischer Theologie und althochdeutscher Dichtung. In: Frühmittelalterliche Studien 5, 1971, S. 284–303.

2.125 Quellen. Die Quellenfrage ist relativ einfach zu beantworten hinsichtlich der von Baesecke als Rahmenteil (›Muspilli I‹) bestimmten Abschnitte vv. 1–30 und 63–103: Theologische Literatur im Anschluß an die biblischen Ausgangspunkte der christlichen Eschatologie (Lc. 16,22 ›Abrahams Schoß‹ und Lc. 23,42 Verheißung des Himmelreichs für den reuigen Schächer). Anders liegt das Problem im Falle des ›Mittelteils‹ (Baeseckes ›Muspilli II‹). Die Doppelung individualistischer und realistischer Eschatologie hat in der zeitgenössischen Theologie nachweisbare Entsprechungen. Der in die ›realistische Eschatologie‹ des jüngsten Gerichts eingeschobene Antichristkampf geht auf Apoc. 11,3 ff. zurück (cf. auch Apoc. 12,7 ff. Kampf des Erzengels Michael mit dem Drachen). Die dort ungenannten Zeugen Gottes, die durch die Hand des Antichrist fallen, sind nach apokrypher und legendarischer Überlieferung Elias und Enoch, da sie nach 4. Reg. 2,11 (Elias) und Gen. 5,24, Eccles. 44, 16 und Hebr. 11,5 (Enoch) direkt in den Himmel entrückt wurden, also nicht dem Tod anheimfielen und deshalb vor der Auferweckung der Toten beim Weltende den letzten Kampf bestreiten können. Die Verbindung des Elias mit dem Feuer des Weltenbrandes im »Muspilli« lag als Assoziation an den Feuerwagen und die feurigen Rosse von 4. Reg. 2, 11 nahe. Daß jedoch aus seinem ›Blut‹ der Brand entfacht wird, ist so nur noch in slavischer Legendentradition nachweisbar (Heinzel Kl. Schr. S. 426). Es gibt sowohl Darstellungen, daß Elias siegt (Schneider 1936, S. 18 f.), wie – geläufiger – daß er unterliegt (l. c. S. 14 u. ö.).

Herbert Kolb hält die Doppelung der Meinungen über das Schicksal des Elias im »Muspilli« für »eine parallelisierende reine Rechtskonstruktion«, die zur Erläuterung des auf den Elias-Antichrist-Kampf übertragenen Modells des gerichtlichen Zweikampfs und Gottesurteils und den diesem Modell widersprechenden Ausgang des Kampfes konzipiert ist: »Elias kämpft für das ewige Leben und will den Gerechten das Reich Gottes erhalten, *deshalb* wird Gott ihm im Kampfe helfen; der Antichrist kämpft für die Sache des Teufels [...], *deshalb* wird er im Zweikampf unterliegen. Dies alles ist nach der Logik des weltlichen Gottesurteils zwingend und folgerichtig; aber theologisch ist es falsch« (1971, S. 297).

Als andere mögliche Quellen des »Muspilli« werden von der Forschung genannt und zum Vergleich herangezogen: ein »Akrostichon der erithräischen Sibylle«, ein »Carmen de die judicii«, eine Predigt des Pseudo-Chrysostomos, lateinische Übersetzungen aus den Schriften Ephraems des Syrers, dem Cäsarius von Arles zugeschriebene Predigten, der »Libellus de Antechristo« des Adso von Toul, der »Libellus de consummatione mundi« des Hippolytus von Ostia (Ehrismann 1932, S. 152). Von großem Interesse sind die z. T. wörtlichen Parallelen zwischen ›Crist III‹ und ›Muspilli II‹ (zu denen – weniger deutlich – auch Verbindungen zu ›Muspilli I‹ treten), da hier die Tradition stabreimender Bibeldichtung über die Sprachgrenzen hinweg aufscheint, freilich ohne daß damit eine direkte Abhängigkeit der beiden Gedichte voneinander konstatiert werden könnte. Wahrscheinlicher ist die gemeinsame Anschauung im Sinne traditioneller Formeln und Formulierungen zur poetischen Darstellung der letzten Dinge.

Manches andere erinnert an gemeingermanische Vorstellungen, wie sie uns insbesondere in der »Völuspá« vorzuliegen scheinen. Doch gilt heute als communis opinio, daß es sich im »Muspilli« um »kirchliche Vorstellungen in germanischer Darstellungsform« (de Boor 1971, S. 56) handelt und nicht um Reste germanisch-heidnischer Mythologie.

Literatur:
Außer den oben genannten Titeln cf. besonders
Gustav Grau, Quellen und Verwandtschaften der älteren germanischen Darstellungen des Jüngsten Gerichts. 1908 (= Studien zur englischen Philologie 31).
Wolf von Unwerth, Eine Quelle des Muspilli. Beitr. 40, 1915, S. 349–372.
Werner Kohlschmidt, Zur religionsgeschichtlichen Stellung des Muspilli. ZfdA 64, 1927, S. 294–298.
Ehrismann 1932, S. 151–153.
A. C. Dunstan, »Muspilli« and the Apocryphal Gospels. GLL 11, 1957/58, S. 270–276.
Ingo Reiffenstein, Das althochdeutsche Muspilli und die Vita des Hl. Furseus von Péronne – zwei Visionen des Frühmittelalters. Südostdt. Archiv I, 1958, S. 88–104.
Willy Krogmann, Elias und Antichrist. KVNS 66, 1959, S. 59–63.
Gemma Manganella, Muspilli. Problemi e interpretazioni. AION 3, 1960, S. 17–49.

2.126 ›*Muspilli*‹. Unter diesem Aspekt wird bei allen sprachhistorisch begründeten Kontroversen Bedeutung und Funktion des rätselhaften Wortes *muspilli* in v. 57 zu beurteilen sein:
vv. 57 *dar ni mac denne mak andremo helfan vora demo muspille.*
Im Altnordischen heißen die als Feuerdämonen auftretenden Götterfeinde ›Muspellsöhne‹ *(Muspellz synir)* oder ›Muspelleute‹ *(Muspellz lýþir)* u. ä. Im Angelsächsischen ist das Wort nicht belegt (was nicht heißen muß, daß es hier unbekannt war). Im altsächsischen »Heliand« variiert *mūdspell* oder *mūtspelli* das Ende der Welt (vv. 2591 und 4358). Die inhaltliche Deutung ist abhängig von der ety-

mologischen Interpretation des Kompositums aus *mu(d)-* und *-spell*.
A. Altgermanisch-heidnisch:
Erster Teil *mu-/mud-* ist dunkel; zweiter Teil altnordisch *spell* = ›Bruch, Schaden‹, angelsächsisch *spildan, spillan*, altsächsisch *spildian*, althochdeutsch *spilden* = ›zerstören, verderben‹: *muspilli* = ›Vernichtung‹ (von? durch?).
B. Christlich, im Altsächsischen (Angelsächsischen?) entstanden und als Lehnwort nach Norden und Süden gewandert:
  a. Erster Teil lateinisch *mundus;* zweiter Teil *spell* = ›Rede‹: *muspilli* = ›Verkündigung des Weltendes‹.
  b. Erster Teil gotisch *munþs*, altsächsisch *mûd*, neuhochdeutsch ›Mund‹; zweiter Teil *spell* = ›Rede‹: *muspilli* = ›Mundwort‹ im Sinne von ›Richtspruch‹, ›Schicksal‹.
  c. Erster Teil ›Mund‹; zweiter ›Verderben‹: *muspelli* = ›Mundverderben‹ im Sinn von ›Verdammungsurteil‹ oder ›Mundverderber‹ (nomen agentis).
  d. Erster Teil ›Mund‹; zweiter Teil *bill* = ›Schwert‹: *muspilli* = ›Mundschwert‹, ›Urteil beim jüngsten Gericht‹ (cf. Apoc. 19,21 *et caeteri occisi sunt in gladio sedentis super equum, qui procedit de ore ipsius...*).
  e. *Muspilli* ist ungeklärten slavischen oder orientalischen Ursprungs (?).

»Sprachlich bleibt das Wort ein Rätsel [...]. Sicher kann man wohl sagen, daß es dem Hörer mehr als ein blasser Begriff war; es war geladen mit Vorstellungen greifbarer Schrecknisse [...]. Solche Art, die heidnische Ausdruckswelt in christliche Dichtung zu überführen, um sie dadurch christlich aufzufüllen, ist angelsächsisch; sie steht im Gegensatz zu der fränkischen Art, ursprünglich heidnischer Terminologie ängstlich auszuweichen und neue, unanrüchige Wörter dafür einzuführen. Obwohl das Wort Muspilli im Angelsächsischen zufällig fehlt, spricht daher die Wahrscheinlichkeit dafür, daß es gerade dort in christlicher Umgebung aufgenommen worden ist, und daß sowohl unser Gedicht wie der Heliand es nach angelsächsischem Vorbild verwenden« (de Boor 1971, S. 56).

Literatur:
cf. die ausführliche (selbst dort nicht vollständige) Dokumentation der Forschung in den Anmerkungen zu Nr. XXX des Ahd. Lb.

2.127 Zeitgeschichte. Schließlich spiegelt das »Muspilli« Momente der Zeitgeschichte in der Betonung und Beschreibung des Gerichtsvorganges: Aufruf zum Gericht (vv. 31 ff.); die Delikte des Verwandtenkampfes (v. 60 – wenn der Vers so zu verstehen ist), Totschlag (v. 93), Bestechlichkeit der Richter (vv. 63 ff.); der Richter erscheint unter dem Schutz eines unüberwindlichen Heeres (vv. 73 ff.); die Gerichtsstatt wird abgesteckt (v. 77); die Angeklagten werden zum Gericht gewiesen (v. 80), um den Richter wird ein Umstand gebildet (vv. 87 f.) und der Geständniszwang formuliert (vv. 90 ff.). Die Häufung der Rechtstermini etwa in den Versen 31–36 belegt dieses besondere Interesse eindrucksvoll (Beispiele zitiert nach Herbert Kolb 1971, S. 294 f.): Zugrunde liegt die Vorstellung eines Königsgerichts (*mahal* = ›Gericht‹, ›Gerichtsversammlung‹) mit den Vorgängen der Ausrufung es Königsgebots (v. 31 *bannen*), dem Königsgebot nicht Folge leisten (v. 33 *den ban furisizzen*), vor dem König (v. 35 *vora demo rihhe*) und zur Rechenschaft stehen (v. 35 *az rahhu stantan*, cf. aber auch die biblische Wendung *ad rationem stare*).

Zeitgeschichtliche Bedeutung kommt dem Vorwurf der Bestechlichkeit der Richter zu, wie er in der zeitgenössischen Literatur (Theodulf von Orléans, Alcuin, Walahfrid Strabo u. a.) immer wieder formuliert worden ist. Eine exakte Datierung (etwa vor 802, dem Jahr des auf Abhilfe solcher Mißstände abgestellten »Capitulare missorum generale« Karls des Großen) läßt sich daraus nicht gewinnen, da von Mißständen dieser Art nicht nur auch später noch die Rede ist (cf. Kelle 1892, S. 146), sondern solche Verhältnisse zu dem bekannten Komplex der feudalen Anarchie gehören, die das gesamte sog. Mittelalter durchzieht. Man hat dagegen polemisiert, aus »solchen aktuellen Beziehungen, besonders aus der Rüge der Richter«, den banalen Schluß zu ziehen, »das Gedicht sei für die höheren Stände verfaßt«, da doch die altdeutsche Poesie insgesamt »aristokratisch und immer für die Herren berechnet« war (Ehrismann 1932, S. 153). Es ist aber doch auch daran zu erinnern, daß es sich um die hohe Zeit der Feudalisierung und ersten Territorialisierung handelt; und wenn es im Kontext der Verse 60 ff. zum Weltenbrand heißt:

v. 60 *uuar ist denne diu marha, dar man dar eo mit sinen magon piehc,*

so scheint das ein Reflex solcher feudalen Machtkämpfe zu sein (dagegen Willy Krogmann, Der christliche Ursprung des altsächsischen Mūdspelli. NdJb. 71/73, 1950, S. 20 und Kolb 1964, S. 9). Dennoch bleibt die Frage, ob sich das »Muspilli« direkt »an die höheren Stände, an die Fürsten, die um Länderbesitz kämpfen« (Kelle 1892, S. 144) richtet, oder ob hier nicht schon spezifisch klerikales Interesse durchschlägt, da das Kirchengut im Zug der Aufrichtung des Vasallitätsprinzips zunächst und am meisten in Mitleidenschaft gezogen worden war.

Literatur:
Kolb 1971.

2.13 »Genesis«

2.131 Überlieferung. Im Jahre 1894 entdeckte der Heidelberger Bibliotheksdirektor Karl Zangemeister in einer aus der Bibliotheca Palatina stammenden vaticanischen Handschrift (cod. pal. lat. 1447) neben einem Heliandfragment auch Bruchstücke einer alliterierenden Bibelparaphrase über alttestamentliche Stoffe im Helianddialekt. Die Eintragung der volkssprachigen Texte erfolgte wohl in der zweiten Hälfte des 9. Jahrhunderts auf den leeren Seiten (1^r, 2^{rv} und 10^v) und ohne ersichtlichen Zusammenhang mit dem Inhalt des lateinischen Codex, der außer astronomischen und kalendarischen Texten nekrologische Notizen enthält. Inhalt und Besitzvermerke weisen auf die Herkunft der Handschrift aus Magdeburg (?) oder – wahrscheinlicher – aus Mainz. Diese ›Fragmenta Palatina‹ (die in der Editionsgeschichte von »Heliand« und »Genesis« unter der Sigle V [= Vaticana] geführt werden) einer ›altsächsischen Genesis‹ finden ihre Ergänzung in einer interpolierten Partie (vv. 235–851 = ›Genesis B‹) in der ›angelsächsischen Genesis‹ (= ›Genesis A‹), die Eduard Sievers schon 1875 aus sprachhistorischen Gründen als Übersetzung aus dem Altsächsischen erwiesen und näher beschrieben hat. Dieser Nachweis wurde durch den Fund der vaticanischen Bruchstücke schlagend dadurch bestätigt, daß deren Verse 1–26 identisch sind mit den Versen 790–817 des angelsächsischen Gedichts (abgesehen von den Unterschieden der sprachlichen Umsetzung). Als altsächsische »Genesis« haben also zu gelten die Summe der in ›Genesis A‹ eingeschobenen Verse (= ›Genesis B‹) plus der 337 (teilweise unvollständigen) Verse der vaticanischen Bruchstücke abzüglich der sich überschneidenden 26 Verse. Es bleibt freilich eine gewisse Unsicherheit hinsichtlich der Identität der nur in angelsächsischer Bearbeitung überlieferten Verse mit dem ursprünglichen altsächsischen Versbestand (so hat man einen Teil von ›Genesis B‹ wieder ausgliedern wollen).

Literatur:
Editionen:
Eduard Sievers, Der Heliand und die angelsächsische Genesis. 1875.
Karl Zangemeister und *Wilhelm Braune,* Bruchstücke der altsächsischen Bibeldichtung aus der Bibliotheca Palatina. Neue Heidelberger Jahrbücher 4, 1894, S. 205–294 (auch separat).
Paul Piper, Die altsächsische Bibeldichtung (Heliand und Genesis). Erster Teil: Text. 1897.
Otto Behaghel, Heliand und Genesis. ²1903. 8. Auflage bearbeitet von *Walther Mitzka* (= ATB 4).
[*Edward Schröder*], Heliand. Herausgegeben von *Eduard Sievers.* Titelauf-

lage vermehrt um das Prager Fragment des Heliand und die Vaticanischen Fragmente von Heliand und Genesis. 1935 (= Germanistische Handbibliothek 4).

Facsimile:
Zangemeister/Braune 1894 (nicht in der Separatausgabe).

Übersetzungen:
Andreas Heusler, Der Heliand in Simrocks Übertragung und die Bruchstücke der altsächsischen Genesis. 1921 u. ö.
Otto Kunze, Heliand. Die altsächsische Evangelien-Dichtung nebst den Bruchstücken der altsächsischen Genesis. Im Versmaß des Urtextes neu übertragen mit Einleitung und Anmerkungen versehen. 1925.
Felix Genzmer, Heliand und die Bruchstücke der Genesis. Aus dem Altsächsischen und Angelsächsischen übertragen. o. J. (1949). Neudr. 1956 und 1961 (= RUB 3324–25).

2.132 Schriftdialekt. Die dialektalen Merkmale der vaticanischen Bruchstücke stehen eng zu denen der Handschriften P und C des »Heliand« und weisen damit überwiegend niederdeutsche Merkmale auf, zu denen aber auch rheinfränkische und allgemein hochdeutsche Formen treten. Eine genaue lokale Festlegung ist aus diesen Indizien ebenso wenig zu erreichen wie im Fall des »Heliand« (s. unten).

Literatur:
Braune in: *Zangemeister/Braune* 1894, S. 11–24.

2.133 Autor und Datierung. Die apokryphe ›Heliandpraefatio‹ (s. u.) schreibt dem ungenannten Verfasser des »Heliand« eine *alt- und* neutestamentliche Paraphrase zu: »a mundi creatione ad finem totius veteris ac novi Testamenti interpretando more poetico satis faceta eloquentia perdixit« (anders Haubrichs 1966/73, S. 408 f.). Man hat früher gelegentlich das »Wessobrunner Schöpfungsgedicht« für ein Bruchstück dieser angeblich vom Helianddichter herrührenden alttestamentlichen Paraphrase gehalten (Wackernagel). Der Fund der vaticanischen Bruchstücke einer altsächsischen »Genesis« zusammen mit einem Heliandfragment legte den Schluß nahe, es handle sich hier um die Bestätigung der Auskunft der ›Heliandpraefatio‹. Dafür sprach besonders, daß die Fragmente von »Heliand« und »Genesis« in dem lateinischen Codex offensichtlich aus ein und derselben Vorlage stammen. Vers-, Sprach- und Stiluntersuchungen haben jedoch die Unterschiede so entschieden herausgearbeitet, daß die lange umstrittene *Verfasser*identität nur noch selten behauptet wird (zuletzt Krogmann 1958). Anderseits kann kein Zweifel bestehen an der starken Anlehnung des Genesisdichters an den »Heliand«, so daß man ihn als jüngeren Schüler des Helianddichters bezeichnet hat. Diese stilistische Abhängigkeit lieferte bis heute das einzige Indiz einer relativen Chronologie, da die Datierung der angelsächsischen »Genesis« durchaus unsicher ist.

Literatur:
Sievers 1875. – Dagegen *ders.* ZfdPh. 27, 1895, S. 538.
Edward Schröder, Zu Genesis und Heliand. ZfdA 44, 1900, S. 223–232.
Otto Behaghel, Der Heliand und die altsächsische Genesis. 1902.
Fritz Pauls, Studien zur altsächsischen Genesis. Diss. Leipzig 1902.
Gordon Hall Gerould, The Transmission and Date of »Genesis B«, MLN 26, 1911, S. 129–133.
Wilhelm Bruckner, Die altsächsische Genesis und der Heliand, das Werk eines Dichters. 1929 (= Germanisch und Deutsch 4).
ders., Zu den Versen 564–567. 599–620. 666–677. 772 f. der ags. Gen. B und zur Frage nach der Heimat des Dichters. Beitr. 56, 1932, S. 436–441.

2.134 Form. Zur Technik des germanischen Stabreimverses und seiner christlich-literarischen Umgestaltung besonders in den geistlichen Gedichten angelsächsischer und altsächsischer Provenienz kann hier nur auf die Handbücher verwiesen werden. Im Vergleich mit dem »Heliand« weist die »Genesis« noch sorglosere Behandlungen der (erschlossenen) verstechnischen Normen auf. Über Begriffe und Besonderheiten von ›Schwellversen‹, ›Hakenstil‹, ›Variation‹, ist das Nötige unten zum »Heliand« bemerkt. Die Großgliederung in Versgruppen, die nach der ›Heliandpraefatio‹ sogenannten ›Fitten‹ ist auch im Fall der »Genesis« durch die Initialen der Handschrift verbürgt.

Literatur:
Rudolf Kögel, Die altsächsische Genesis. Ein Beitrag zur Geschichte der altdeutschen Dichtung und Verskunst. 1895 (= Ergänzungsheft zu Bd. I der Literaturgeschichte).
Fritz Pauls, Zur Stilistik der altsächsischen Genesis. Beitr. 30, 1905, S. 142–207.
Heusler 1956 pass.
von See 1967, § 17 ff.

2.135 Inhalt und dichterische Leistung. Die drei vaticanischen Fragmente der alttestamentlichen Paraphrase enthalten (I) vv. 1–26 Klage

Adams; (II) vv. 27-150 nach dem Brudermord spricht Gott zu Kain, Leid der Eltern, Geburt von Seth, die Kainssöhne, Geburt von Enoch und Hinweis auf den Antichristkampf beim Jüngsten Gericht; (III) vv. 151-337 Abrahams Fürbitte für Sodom, Gottes Boten bei Lot und Sodoms Untergang.

Die interpolierte ›Genesis B‹ in der angelsächsischen »Genesis« erzählt: vv. 235-245 Gottes Verbot, vom Baum der Erkenntnis zu essen; vv. 246-337 die zehn Engelchöre, Luzifers Fall und Verwandlung zum Satan, der in der Hölle gebunden liegt; vv. 338-441 in einem langen Monolog beschließt Satan, die Menschen zu verführen und Gott abtrünnig zu machen, damit nicht sie den Engelchor besitzen, aus dem er vertrieben wurde; vv. 442-490 ein Satansbote rüstet sich und fährt zum Paradies, wo er Adam und Eva beim Baum des Lebens und dem des Todes findet; vv. 491-609 Adam widersteht der Verführung durch den Widersacher, Eva erliegt der Versuchung; vv. 609-723 Eva verleitet Adam, ebenfalls von der verbotenen Frucht zu essen; vv. 723-765 Triumphrede des Satansboten; vv. 765-851 Scham und Reue des Menschenpaares, Klage über das verlorene Paradies, Bedeckung der Blöße.

Eine eingehende stilgeschichtliche Analyse kann sich bei methodischer Redlichkeit nur an die vaticanischen Bruchstücke halten, da die angelsächsische Bearbeitung – so eng sie sich in den parallel überlieferten Versen auch an die altsächsische Vorlage hält – einen zu starken Unsicherheitsfaktor darstellt. Allgemein aber läßt sich sagen, daß die Art der Umsetzung des biblischen Wortlauts der Tendenz folgt, die sich seit der Spätantike an allen Bibelgedichten beobachten läßt: die Paraphrase des Alten Testaments ist weitgehend rhetorische Umschreibung und Erweiterung der *historia* und nicht so sehr theologische Deutung und Ergänzung des Dogmas. Der Dichter der »Genesis« hält sich zwar eng an den Text der Vulgata, weitet ihn aber stark aus. »Die erzählenden Teile werden weiter ausgeführt, besonders aber erhalten die Reden, die Monologe und Dialoge, einen das Maß der Vorlage um ein vielfaches überschreitenden Umfang« (Ehrismann 1932, S. 175). Man kann in diesen pathetischen Redeszenen den wirkungsmächtigen Höhepunkt der Dichtung sehen oder sie als ›geschwätzig‹ abtun. Solche Urteile messen ihren Gegenstand an einer idealtypisch erschlossenen germanischen Lieddichtung und am »Heliand«, dem gegenüber die größere Unabhängigkeit vom Bibeltext wiederum auch als Vorzug gelten kann. Lehrreich ist der Vergleich mit der angelsächsischen ›Genesis A‹, die um vieles wortfrommer und unselbständiger ist, mehr ›Chronik‹ als Nach- und Neuerzählung. Das zeigt sich auch etwa an der Auswahl der zugrundegelegten Schriftstellen. So verzichtet der Verfasser der altsächsischen »Genesis« auf einzelne biblische Details, etwa auf das Lachen der Sara, auf die Verkündigung der Geburt Isaaks oder auf die Nennung der Verfehlungen der Sodomiter – ob »mit feinem Gefühl« auf das, was ihm »geschmacklos und anstössig« erschien (Braune in: Zangemeister/Braune S. 31) oder aus allgemeineren Gründen von »Sitte« und »Sittlichkeit« seiner Zeitgenosen (Ehrismann 1932, S. 177), sei dahingestellt. Anderes wird der biblischen Vorlage zugesetzt wie der breit erzählte Engelssturz und die Vorbereitung Luzifers zur Verführung des Menschenpaares (›Genesis B‹) oder die Erwähnung des Antichristkampfes des Enoch (Fragmenta vaticana) – auch sonst beliebte und schon vor Entstehung der altsächsischen »Genesis« verbreitete Themen geistlicher Dichtung in den Volkssprachen.

Literatur:
Außer der bereits genannten Literatur cf.
Wilhelm Braune, Zur altsächsischen Genesis. Beitr. 32, 1907, S. 1–29.
Levin L. Schücking, Der deutsche Genesisdichter. Nord und Süd 150, 1920, S. 305–310.
Alan D. McKillop, Illustrative Notes on Genesis B. JEGP 20, 1921, S. 28–38.
Erhard Hentschel, Die Mythen von Luzifers Fall und Satans Rache in der altsächsischen Genesis. 1935 (= Religion und Geschichte 4).
John F. Vickrey, The Vision of Eve in »Genesis B«. Spec. 44, 1969, S. 86–102.
ders., The »Micel Wundor« of »Genesis B«. St Phil. 68, 1971, S. 245–254.

2.136 Quellen. Außer dem zugrundeliegenden Vulgatatext konnten Nebenquellen für zusätzliche theologische Details (Apokryphen, »Vita Adae et Evae«, Cyprianus poeta, Dracontius, Avitus und die gängigen Schriftkommentare) nicht zweifelsfrei nachgewiesen werden, obwohl der Verfasser gewiß nicht ausschließlich der eigenen Phantasie folgt, wo er über den Wortlaut der Schrift hinausgeht. Das Hauptargument für die Abhängigkeit der ›Genesis B‹ von Avitus liegt in der »eigenartigen, ursächlichen Verbindung, die zwischen dem Engelssturz und dem Sündenfall der Menschen hergestellt wird« (Unwerth/Siebs 1920, S. 139).

Umstritten ist neuerdings auch wieder die scheinbar gesicherte Abhängigkeit der altsächsischen »Genesis« von angelsächsischen Vorbildern (Hofmann 1958/59), so wenig ein enger stilgeschichtlicher Zusammenhang geleugnet werden kann. Von der engen Anlehnung des Genesisdichters an den »Heliand« war bereits die Rede.

Literatur:
Sievers 1875.
E. *Hönncher,* Über die Quellen der angelsächsischen Genesis. A 8, 1885, S. 41–84.

Theodor Siebs, Zur altsächsischen Bibeldichtung. ZfdPh. 28, 1896, S. 138–142.
F. N. Robinson, A Note on the Sources of the Old Saxon »Genesis«. MPh. 4, 1906/07, S. 389–396.
Unwerth/Siebs 1920, S. 139 f.
Karl Massmann, Quellen und poetische Kunst der altsächsischen Bibelepen alttestamentlichen Inhalts (altsächsische Genesis). Ein Beitrag zur Heliand-Genesis-Frage. Diss. Bonn 1923. Jb. d. Bonner phil. Fakultät I,2, 1923/24.
Luise Berthold, Die Quellen für die Grundgedanken von 235–851 der altsächsisch-angelsächsischen Genesis. Fs. Sievers 1925, S. 380 bis 401.
J. M. Evans, »Genesis B« and its Background. RES 14, 1963, S. 1–16. 113–123.
Paul Salmon, The Site of Lucifer's Throne. A 81, 1963, S. 118–123.
Rosemary Woolf, The Fall of Man in »Genesis B« and the »Mystère d'Adam«. Festschrift A. G. Brodeur 1963, S. 187-199.
John F. Vickrey, »Selfsceaft« in »Genesis B«. A 83, 1965, S. 154–171.

2.137 Funktion und Zeitgeschichte. Die Frage nach dem Verhältnis von christlichem Dogma und germanischem Ethos hat besonders die Heliandforschung lange Zeit beschäftigt (s. u.). Eine durchgehende ›Germanisierung‹ findet nach heute geltendem einhelligem Urteil auch in der »Genesis« nicht statt. Während im »Heliand« das Gefolgschaftsmotiv als poetisches Mittel auf die Darstellung des Verhältnisses Jesu und seiner Jünger übertragen wurde und dadurch die vielfältigsten Spekulationen über die ethische Relevanz dieses ästhetischen Vorgangs ausgelöst wurden, sind in der »Genesis« die jüngeren Verhältnisse des Vasalitätsprinzips und Lehnswesens assoziiert. Luzifers Überhebung, sein Fall und seine Rachepläne werden nach dem realitätshaltigen Muster der Rebellion eines Fürsten mit seinen Vasallen gegen seinen obersten Lehnsherrn, den Kaiser, erzählt. »In der Geschichte des 9. Jh.s begegnen wir übrigens fortwährend Vasallen, die ihren Herrn verlassen, ihn verraten« (Ganshof 1970, S. 36). Man hat diese zeitgemäße Einfärbung auch in der Zeichnung von Kains Brudermord als »Verletzung des Treueverhältnisses gegen Gott« (Ehrismann 1932, S. 176) sehen wollen. Deutlicher aber ist dieses Verhältnis, wenn Abraham Gott anspricht als Vasall (Paraphrase von Gen. 18,3 f. »Domine, si inveni gratiam in oculis tuis, ne transeas servum tuum: sed afferam pauxillum aquae« etc.):

169b »... ik biun thin egan scalc,
    hold endi gihorig,   thu bist mi herro so guod,
    medmo so mildi: uuiltu minas uuiht
    drotin hebbian huat?   it all an thinum duoma sted.
  Ik libbio bi thinum lehene...« (ed. Zangemeister/Braune).

Das Angebot der Fußwaschung und Speisung Gottes und seiner Engel (Gen. 18,4 f.) wird sehr allgemein wiedergegeben: ›alles was Du von dem Meinen willst, steht zu Deiner Verfügung‹ (vv. 171 b f.), denn »es war ein heikles, viel behandeltes Thema der Kommentatoren, wie Gott und die Engel je leiblicher Speise hätten frönen können« (Unwerth/Siebs 1920, S. 141). Der biblische *servus* (Gen. 18,3 u. ö.) erscheint gesteigert als *egan scalc* (v. 169 b) und *hold endi gihorig* (v. 170 a) entspricht wörtlich den ältesten Kommendationsformeln, mit denen der Vasall seinem Lehnsherrn versprach, *fidelis et oboediens* zu sein (Ganshoff 1970, S. 57). Der auch im »Heliand« geläufige Hinweis auf die (feudale?) Freigebigkeit des Herrn (vv. 170 b f.) wird, ebenfalls gegen die biblische Vorlage, ergänzt durch den so christlichen wie zeittypisch rechtlichen Hinweis: 'Ich lebe von dem, was Du mir verliehen hast‹, »als dein Lehnsmann« (Genzmer).

Wenn man bedenkt, daß die Vasallität in Sachsen zunächst nur wenig Eingang fand (Ganshoff S. 21), sind solche Anspielungen von umso größerem Interesse insofern, als sie im »Heliand« noch fehlen und also ein zusätzliches Indiz für das jüngere Alter des altsächsischen »Genesis« darstellen.

Literatur:
François Louis Ganshof, Was ist das Lehnswesen? ³1970.
Walther Lammers (ed.), Entstehung und Verfassung des Sachsenstammes. 1967 (= WdF 50).
ders., Die Eingliederung der Sachsen in das Frankenreich. 1970 (= WdF 185).

2.14 »Heliand«

2.141 Überlieferung. In der Geschichte der Textüberlieferung der ältesten volkssprachigen Poesien nehmen der »Heliand« und Otfrids »Evangelienbuch« insofern eine besondere Stellung ein, als sie – im Gegensatz zu allen andern volkssprachigen Dichtungen, die nur beiläufig als Blattfüllsel oder Zitat aufs Pergament gefunden haben – in eigenen, eigens für sie bestimmten Codices aufgezeichnet wurden. In diesem Vorgang manifestiert sich der neue ›literarische‹ Anspruch volkssprachiger Dichtung in der Tradition der antiken und, ihr folgend, christlich-theologischen Literatur, der im Gegensatz steht zur konstitutiven Mündlichkeit heimischer Dichtungspraxis, wie sie wohl auch für die volkssprachige geistliche Poesie zunächst noch verbindlich blieb (cf. oben 2.115). Wir haben vier Textzeugen, aber keine den »Heliand« vollständig überliefernde Handschrift:

C = Codex Cottonianus Caligula A. VII, jetzt im Britischen Museum in London, besteht aus drei sehr viel später vereinigten Teilen. Der Text des »Heliand« füllt die Seiten 5–170. Die Handschrift wurde wohl erst im zehnten Jahrhundert (in England) geschrieben. Die Verse sind nicht abgesetzt, die Versanfänge jedoch häufig durch Majuskel ausgezeichnet. Absätze, größere Initialen und Bezifferung machen die ›Fitteneinteilung‹ kenntlich, von der die Praefatio spricht. Die Texteintragung bricht ab mit Vers 5968 (›die Jünger in Emmaus‹), M bringt noch 15 Verse aus dem verlorenen Schlußteil (›Christi Himmelfahrt‹).
M = Codex germanicus monacensis 25, in der Bayerischen Staatsbibliothek in München, ist wohl noch im 9. Jh. geschrieben worden und in seinem heutigen Zustand durch Rasuren, Verlust von sechs Blättern aus verschiedenen Lagen und der letzten Seiten insgesamt (zwei Quaternios?) stark verstümmelt. Die Verse sind nicht voneinander abgesetzt, die Versanfänge unregelmäßig durch Majuskeln gekennzeichnet. Die Kapitel oder ›Fitten‹ sind nicht wie in C durchgezählt, wohl aber durch Initialen kenntlich gemacht.
P = ein Prager Fragment von 23 Zeilen (vv. 958 b–1006 a), das jetzt im Museum für deutsche Geschichte in Berlin unter der Sigle D 56/2537 aufbewahrt wird, gilt als ältester, noch dem 9. Jh. angehörender Textzeuge. Die Versanfänge sind durch Majuskeln gekennzeichnet.
V = die vaticanische Handschrift Cod. pal. lat. 1447, die die Bruchstücke der altsächsischen »Genesis« enthält (s. oben 2.131), überliefert auf Blatt 27^r und 32^v den Anfang der Bergpredigt (vv. 1279–1358).

Das Verhältnis der Handschriften zueinander ist nicht zweifelsfrei geklärt. M und C gehen offensichtlich auf die gleiche Vorlage zurück, V repräsentiert einen eigenen Überlieferungszweig, die Einordnung von P ist nicht möglich. Seit den Untersuchungen und der Ausgabe von Sievers gilt M als Leithandschrift.

Literatur:
Editionen:
Eduard Sievers, Heliand. 1878 (= Germanistische Handbibliothek 4).
Otto Behaghel, Heliand. 1882. Zweite Auflage: Heliand und Genesis. 1903. 8. Auflage bearbeitet von *Walther Mitzka.* 1965 (= ATB 4).
Paul Piper, Die altsächsische Bibeldichtung (Heliand und Genesis). Erster Teil: Text. 1897.

Faksimile:
J.H. Gallée, Altsaechsische Sprachdenkmaeler. Tafelband 1895.
H. Fischer 1966, Tafel 17.
Rathofer 1962.

Übersetzungen:
C. W. M. Grein, Der Heliand oder die altsächsische Evangelien-Harmonie. Übersetzung in Stabreimen. 1854. Zweite, durchaus neue Bearbeitung. 1869.
Karl Simrock, Heliand. 1856 u. ö.
Kunze 1925.
Genzmer (1949).
Wilhelm Stapel, Der Heliand. Übertragen. 1953.

Wörterbuch:
Edward H. Sehrt, Vollständiges Wörterbuch zum Heliand und zur altsächsischen Genesis. 1925 (= Hesperia 14). 2. durchgesehene Auflage 1966.

2.142 Schriftdialekt und Sprache des Helianddichters. Die Frage nach der ›Heliandsprache‹ ist die Frage nach den Schriftdialekten der Handschriften, die Frage nach der Sprache des Helianddichters, nach seiner Herkunft und nach der Lokalisierung des »Heliand« und die Frage nach dem sprachhistorischen Problem des Altsächsischen überhaupt als eines in sich widersprüchlichen phonologischen und morphologischen Systems.

»Das Altsächsische, also die älteste überlieferte Phase des Niederdeutschen, zeigt im Hinblick auf die Sprachstruktur eine bemerkenswerte Verschiedenheit vom Althochdeutschen. Das Althochdeutsche ist bekanntlich dokumentiert durch eine reiche und mannigfaltige Überlieferung, die eine vielfache mundartliche Abstufung aufzeigt, und trotzdem ist das Sprachsystem [...] von erstaunlicher Einheitlichkeit. Das Altsächsische auf der anderen Seite hat eine mehr einheitliche Überlieferung als irgendeine andere altgermanische Sprache mit Ausnahme des Gotischen. Es ist überliefert im wesentlichen durch die Bibelepik (denn die kleineren Denkmäler sind von sehr untergeordneter Bedeutung), also in Dichtungen von streng einheitlicher metrischer Form. Aber die Sprache, die in dieser äußerlich einheitlichen Form überliefert ist, zeigt kein einheitliches Gepräge« (I. Dal 1954/73, S. 177).

Die dialektgeographischen Analysen der Handschriften haben ergeben, daß C mehr fränkische Merkmale aufweist als M, obwohl in der weitgehend niederdeutschen Sprache von M ein fränkischer Einschlag erkennbar ist. Die Fragmente P und V bieten weit weniger Vergleichsmaterial, das aber doch die Feststellung erlaubt, beider Dialekt stehe mehr zu dem von C.
Der ›Mischcharakter‹, die ›Dualität‹, ›Zweischichtigkeit‹ oder ›Zweigesichtigkeit‹ – von noch differenzierteren Analysen hier ganz abgesehen – hat unterschiedlichste Erklärungen gefunden: die Heliandsprache sei Ergebnis eines wirklich gesprochenen grenznahen

Dialekts, historisch bedingte hochdeutsche Überfremdung des Niederdeutschen, soziologisch erklärbare Gruppensprache des mit den fränkischen Eroberern sympathisierenden sächsischen Adels oder übermundartlich gefärbte Ausgleichs- oder Mischsprache heimischer Dichtungstradition. Man hat die Möglichkeit einer bloß frankonisierten Graphie »echtsächsischer Grundlage« (Rooth) durch hochdeutsche Schreiber ebenso erwogen wie den sprachlichen Einfluß der angelsächsischen Mission auf die Ausbildung eines graphisch-morphologischen Systems zur Aufzeichnung der altsächsischen Bibeldichtung. Die Fülle der Erkenntnisse, Thesen und Hypothesen bei der empirischen und theoretisch-systematisierenden Erfassung der ›Heliandsprache‹ lassen sich hier nicht annähernd vollständig referieren. Das Problem insgesamt ist zudem mehr eines der Sprachwissenschaft in historischer, strukturaler und graphematischer Hinsicht.

Für den Literarhistoriker von Bedeutung ist die Konsequenz aus solcher allgemeinen Unsicherheit: daß nämlich eine zweifelsfreie Lokalisierung des »Heliand« mit den Mitteln der Dialekt- und Wortgeographie nicht möglich ist. Die so argumentierenden Schlüsse der einschlägigen sprachhistorischen Analysen, die für Westfalen, Ostfalen, Fulda etc. plädieren und den Autor nach Werden a. d. Ruhr, Corvey oder an die Grenze zum Fränkischen Dialektraum (Südostsachsen) versetzen, bleiben weitgehend hypothetisch. Aber auch die literarhistorischen Indizien haben kaum größere Klarheit geschaffen. Nachdem lange aus Gründen der Verbindung mit Hrabanus Maurus und seiner sich im »Heliand« spiegelnden Theologie Fulda als Heimat des »Heliand« galt, haben paläographische Untersuchungen jüngerer Zeit wieder Werden an der Ruhr, das Kloster Liudgers, stärker ins Spiel gebracht. Hier sind besonders die Arbeiten von Richard Drögereit zu nennen, in denen der Nachweis geführt wird, daß die Handschriften P und M und (rückgeschlossen) auch das Original des »Heliand« in dem Kloster an der Ruhr entstanden sein sollen.

Die Diskussion um die Heimatfrage des »Heliand« ist damit jedoch noch nicht abgeschlossen und, wenn nicht neue Indizien gefunden werden, wohl auch endgültig nicht abschließbar, da zudem die vielfältigsten Kombinationsmöglichkeiten der vorliegenden Lösungsvorschläge denkbar erscheinen (der Dichter – ein Angelsachse in Werden, ein Altsachse in Fulda, ein altsächsischer Fuldazögling, ein nach Werden heimgekehrter Fuldaischer Mönch etc.).

Literatur:
Ich führe aus der unübersehbaren Literatur hier nur die im Text zitierten und

zur Einführung geeigneten Arbeiten an. Darüberhinaus cf. die Bibliographie
bei *Behaghel/Mitzka* 1965, S. XV–XIX und die sprachwissenschaftlichen
Handbücher.

Walter Mitzka, Die Sprache des Heliand und die altsächsische Stammesverfassung. NdJb. 71/72, 1950, S. 32–39. Wieder in: Kl. Schr. 1968, S. 83–92
und 1973 (= WdF 321), S. 132–143.

Ingerid Dal, Zur Stellung des Altsächsischen und der Heliandsprache.
Norsk Tidsskrift for Sprogvidenskap 17, 1954, S. 410–424. Wieder 1973
(= WdF 321), S. 177–190.

Erik Rooth, Über die Heliandsprache. In: Festgabe Th. Frings 1956, S.
40–79. Wieder 1973 (= WdF 321), S. 200–246.

Werner Simon, Zur Sprachmischung im Heliand. 1965 (= Philologische
Studien und Quellen 27).

Richard Drögereit, Werden und der Heliand. Studien zur Kulturgeschichte
der Abtei Werden und zur Herkunft des Heliand. 1950 (= Beiträge zur
Geschichte von Stadt und Stift Essen. Heft 66).

ders., Die Heimat des Heliand. Jb. der Ges. für niedersächs. Kirchengeschichte 49, 1951, S. 1–18.

ders., War der Dichter des Heliand ein Friese? In Festschrift Buma 1970, S.
11–17.

2.143 Autor und Datierung. Alle direkten Angaben über den »Heliand«, seinen Verfasser, den Auftraggeber und die Zeit seiner Entstehung entnehmen wir der sogenannten ›Heliandvorrede‹, einer
womöglich apokryphen lateinischen Praefatio zu einem – verlorenen – Codex des »Heliand« (und der »Genesis«?). Wir kennen diesen Text nur aus reformatorischer Überlieferung des 16. Jh.s. Flacius
Illyricus druckte diese ›Praefatio in librum antiquum lingua Saxonica
conscriptum‹ (= Vorrede zu einem alten, in sächsischer Sprache geschriebenen Buch) und anschließend ›Versus de poeta et interprete
huius codicis‹ (= Gedicht auf den Übersetzer und Verfasser dieser
Handschrift) in der zweiten Auflage seines »Catalogus testium veritatis« (= Sammlung von Zeugen der Wahrheit) ab. Woher die beiden Stücke stammen, wird nicht angegeben. Weder wissen wir genau, daß sie ursprünglich zusammengehören, noch auch nur, daß sie
wirklich einem Codex des »Heliand« entnommen sind. Die Verbindung mit dem »Heliand« wurde erst nachträglich hergestellt (zuerst
von Joh. Georg Eccard 1720) und gilt heute allgemein. Für die Echtheit der Prosapraefatio (in Abwehr des Vorwurfs, es handle sich
vielleicht um eine humanistische Fälschung) spricht insbesondere
das Wort *vitteas* in dem Hinweis auf die äußere Gliederung des
sächsischen Gedichts (»Iuxta morem vero illius poematis omne opus
per vitteas distinxit, quas nos lectiones vel sententias possumus appellare«). Im Altsächsischen ist dieses Wort zwar nicht überliefert,

wohl aber im Altenglischen als Substantiv *fit* (= *cantilena*) und *fittan* (= *cantare*). Die Gelehrten des 16. Jh.s konnten sich solcher philologisch-antiquarischen Kenntnisse gewiß noch nicht rühmen. Ungesichert ist der ursprüngliche Umfang des Wortlauts der Prosa praefatio. Man ist heute überwiegend der Meinung, es handle sich um einen durch Interpolation (Teil B) erweiterten (und durch philologische Kritik wiederzugewinnenden ursprünglichen?) Text (Teil A). Der Grund für diese Annahme liegt im scheinbaren Widerspruch zwischen beiden Teilen: Kaiser Ludwig habe einen bekannten sächsischen Dichter mit der Abfassung einer volkssprachigen Bibelparaphrase betraut (A) – ein aller poetischen Fähigkeiten entbehrender Landmann habe unter dem Einfluß göttlicher Gnade das Werk gedichtet (B). Teil B enthält also die bekannte Dichtermythe, wie wir sie von Bedas Caedmonerzählung her kennen und wie sie in den ›Versus‹ wiederkehrt. Sollte diese Interpolation die Verbindung zwischen Teil A und ›Versus‹ herstellen? Denkbar ist jedoch auch, daß schon der Verfasser der Vorrede die historisch-faktische mit der geistlich-typischen Aussage kombiniert hat – vielleicht um den Mangel konkreter Informationen über den Helianddichter auszugleichen (?) oder um den Legitimationscharakter der Einleitung mit dem kryptischen Hinweis auf das Beispiel Caedmons zu verstärken?

Was der Verfasser konkret über den Helianddichter zu sagen weiß, ist enthalten in der wenig Aufschluß gewährenden Formulierung »quidam vir de gente Saxonum, qui apud suos non ignobilis vates habebatur«: Er habe dem Stamm der Sachsen angehört und sei daheim als Dichter bekannt (oder im Sinn der altsächsischen Stammesverfassung ein *nobilis*? Mitzka 1950/73, S. 141) gewesen. Alle Versuche, den ›bekannten Dichter‹ oder ›dichtenden Edeling‹ in einer bezeugten historischen Persönlichkeit wiederzufinden, sind bislang gescheitert. Die damit zusammenhängende Frage, ob der Dichter Laie oder gelehrter Theologe gewesen sei, ist spätestens seit Rathofers grundlegenden Forschungen zugunsten des Theologen entschieden.

Auch für die Datierung des »Heliand« ergibt die Vorrede weniger, als man annehmen zu dürfen glaubte, solange unter dem genannten *Ludouuicus piissimus* mit Selbstverständlichkeit Ludwig der Fromme verstanden wurde. Damit wäre die Entstehungszeit auf dessen Regierungsjahre 814–840 einzugrenzen gewesen. Seit einigen Jahren weiß man, daß diese imperiale Titulatur auch auf Ludwig den Deutschen angewendet wurde (Drögereit 1951 und Haubrichs 1966). Dann aber spricht die größere Wahrscheinlichkeit »nicht für den unter dem Einfluß der monastischen Reform des Bendikt von Aniane stehenden zweiten Kaiser des karolingischen Imperiums, von dem wir obendrein seine Abneigung ›gegen das Verdeutschen der kirchlichen Texte‹ kennen, sondern für Ludwig den Deutschen, in dessen Besitz sich eine Handschrift befand, die das ahd. ›Muspilli‹ enthält, und dem Otfrid seine Evangeliendichtung gewidmet hat« (Haubrichs 1966/73, S. 402). Aus der Formulierung *imperii tempore* im Sinne von »zur Zeit des ›Reichs‹ bzw. der Reichseinheit« (l. c. S. 406) schließt Haubrichs, »daß Ludwig der Deutsche noch zur Regierungszeit seines Vaters ein Programm volkssprachiger Bibelliteratur entwickelt hat« (l. c.). Daraus folge: »a) Ludwig der Deutsche veranlaßt eine as. Evangeliendichtung vor 840 *(imperii tempore)*, die Bestandteil eines über das speziell altsächsische Sprachgebiet ausgreifenden Übersetzungsprogramms in die Volkssprache ist [...]. b) Um 850 [...] schreibt Hraban eine Praefatio zum Heliand, der um diese Zeit beendet war, denn um 850 setzt auch Drögereit die handschriftliche Überlieferung für Werden an« (l. c. S. 432 f.).

Ob der Verfasser der Vorrede wirklich Hraban war (so außer Haubrichs schon Sievers 1927 und Baesecke 1949) oder Lupus von Ferrières (Krogmann 1948) oder ein anderer unbekannter Verfasser, hängt ab von dieser grundsätzlichen Problematik der Datierung und ist letztlich nicht zu entscheiden. Auch das umstrittene zusätzliche Datierungsindiz der Benutzung des Hrabanschen Matthäuskommentars, der 821 fertiggestellt wurde und also den terminus post quem für den »Heliand« abgebe, verliert angesichts der wahrscheinlicheren Spätdatierung an Bedeutung.

Literatur:
Zur Heliandvorrede:
Friedrich Zarncke, Über die Praefatio ad librum antiquum lingua saxonica conscriptum und die Versus de poeta etc. In: Ber. d. Ges. d. Wiss. zu Leipzig, phil.-hist. Klasse 17, 1865, S. 104–112.
Ernst Windisch, Der Heliand und seine Quellen. 1868, S. 1–24.
Sievers 1878, S. XXIV–XXXVIII.
Paul Giseke, Der Heliand und die Praefatio. 1879.
A. Wagner, Die Heliandvorreden. ZfdA 25, 1881, S. 173–181.
Anton E. Schönbach, Über die poetische Vorrede zum Heliand. In: Drei Proömien unserem Freunde Wilhelm Gurlitt überreicht zum 7. März 1904, S. 6–17.
M. H. Jellinek, Die Praefatio zum Heliand und die Versus de poeta. ZfdA 56, 1919, S. 109–125.
Ernst Christian Paul Metzenthin, The Home of the Addressees of the Heliand. JEGP 21, 1922, S. 191 ff. Auch als Separatdruck.
Willy Krogmann, Die Praefatio in librum antiquum lingua Saxonica conscriptum. NdJb. 69/70, 1948, S. 141–163. Wieder 1973 (= WdF 321), S. 20–53.
Georg Baesecke, Fulda und die altsächsischen Bibelepen, NddMitt. 4, 1948,

S. 5–43. Wieder in Kl. Schr. 1966, S. 348–376 und 1973 (= WdF 321), S. 54–92.
Francis P. Magoun Jr., The »Praefatio« and »Versus« Associated With Some Old-Saxon Biblical Poems. Festschr. J. D. M. Ford 1948, S. 107–136.
Wolfgang Haubrichs, Die Praefatio des Heliand. Ein Zeugnis der Religions- und Bildungspolitik Ludwigs des Deutschen. NdJb. 89, 1966, S. 7–32. Wieder 1973 (= WdF 321), S. 400–435.
Theodore A. Andersson, The Caedmon Fiction in the »Heliand« Preface. PMLA 89, 1974, S. 278–284.

Allgemein:
Franz Jostes, Der Dichter des Heliand. ZfdA 40, 1896, S. 341–368.
Wilhelm Bruckner, Der Helianddichter ein Laie. 1904 (= Wiss. Beilage zum Bericht über das Gymnasium in Basel).
Willy Krogmann, Beiträge zur altsächsischen Sprache und Dichtung. 10. Die Entstehungszeit des Heliand. NdJb. 81, 1958, S. 1–10.
ders., Der Schöpfer des altsächsischen Epos. ZfdPh. 77, 1958, S. 225–244 und 78, 1959, S. 19–39.

2.144 Form. Der Heliandvers folgt dem alten germanischen Muster der stabenden Langzeile, freilich in bemerkenswert individueller Ausprägung, die sich pauschal beschreiben läßt als »Steigerung der einzelnen virtuos beherrschten Stilmittel« (Rathofer 1971, S. 254) der überkommenen Technik. Dazu gehören die Veränderungen im Versbau – Vermehrung der Auftakt- und Senkungssilben, der Hebungssilben in den überlangen Versen (›Schwellvers‹) –, in der Versfüllung – Verlegung der Satzgrenze in die Langzeilenmitte (›Haken-‹ oder ›Bogenstil‹) – und stilgeschichtlich in der Anwendung der für die westgermanische Poesie insgesamt konstitutiven Variation.

Unter ›Variation‹ versteht man seit Heuslers grundlegender Definition die Stilfigur des »Zurücklenken[s] zu einem Begriff oder Gedanken, den der Hörer schon verlassen glaubte; noch eh der Dichter einen Ruhepunkt erreicht hat, wiederholt er das Gesagte, aber mit einem neuen, ›variierenden‹ Ausdruck, so, daß diese Wiederholung logisch und syntaktisch rein entbehrlich, lostrennbar wäre« (Heusler 1920/43, S. 548):

1279 »Thô umbi thana neriondon Krist   nâhor gengun
sulike gesiðos,   sô he im selbo gecôs,
uualdand undar them uuerode.   Stôdun uuîsa man,
gumon umbi thana godes sunu   gerno suuîðo,
uueros an uuilleon: uuas im thero uuordo niud,
thâhtun endi thagodun,   huuat im thero thiodo drohtin,
uueldi uualdand self   uuordun cûðien
thesum liudiun te liobe.   Than sat im the landes hirdi
geginuuard for them gumun,   godes êgan barn [...]«

‹›Da traten jene Gefolgsleute, die der Waltende im Volk selbst erkoren hatte, näher zusammen um den rettenden Christ. Die weisen Männer, die Herren, standen eifrig um den Gottessohn, die willigen Mannen. Sie dachten und schwiegen ehrfürchtig, um zu hören, was der Herr dieser Völker, der Waltende selbst, ihnen mit Worten künden wollte, den Leuten zu Liebe. Nun saß der Landeshirte vor den Herren, Gottes eigenes Kind...‹› [Stapel].

»Im Heliand ist die Variation zur unbedingt herrschenden Stilfigur geworden« (Heusler 1920/43, S. 552).

In den Zusammenhang der Stilmittel des Helianddichters gehören auch die vermehrte Verwendung der indirekten Rede und der Hypotaxe überhaupt, Merkmale, die sich eher der christlichen Buchdichtung zuordnen lassen als dem alten gesungenen Lied.

Solche Feststellungen sind möglich nur im Vergleich mit der altenglischen geistlichen Dichtung, mit der altnordischen strophischen Alliterationspoesie oder mit einem nur erschlossenen Idealtypus germanischer Heroik in liedmäßiger Form. Andreas Heusler verdanken wir die griffige Unterscheidung von »Liedstil und Epenstil« in einem so überschriebenen Aufsatz über den »Heliand«: »diese Großepen, heiligen und profanen Inhalts, sind *Buchwerke,* sind eine Neuschöpfung der Geistlichkeit, und zwar der englischen, die ihren Vergil kannte und den Juvencus und den Prudentius und nach diesen Anregern auf ihre langen Verserzählungen geriet. Was die ungelehrten, schreibeunkundigen Skope dichteten, das waren *kurze Lieder:* einerseits das lyrisch-chronistische Preislied-Zeitgedicht, anderseits das epische Lied, Heldenlied« (Heusler 1920/43, S. 519). Heute ist man der Auffassung, »daß Heusler den Gegensatz von Liedstil und Epenstil zu stark hervorgekehrt hat« (von See 1967, S. 61). Seine Schlüsse folgen aus allzu unsicheren Prämissen: »Das altgermanische ›klassische‹ Heldenlied, wie es im 4.–8. Jh. bei den Goten, Langobarden und Franken existiert haben mag, ist kaum noch zu erschließen« (l. c.).

Literatur:
Paul Pachaly, Die Variation im Heliand und in der altsächsischen Genesis. Diss. Jena 1899.
Selma Colliander, Der Parallelismus im Heliand. Diss. Lund 1912.
Andreas Heusler, Über den Stil des Heliand, gemessen an dem der englischen Epen und der weltlichen Lieder. BSB 1918.
ders., Heliand, Liedstil und Epenstil. ZfdA 57, 1920, S. 1–48. Wieder in: Kl. Schr. 1, 1943, S. 517–565.
Gottfried Berron, Der Heliand als Kunstwerk. Vier Studien. 1940.
Heusler 1956, pass.
von See 1967, § 17–20.

2.145 Inhalt und dichterische Leistung. Die altsächsische Evangelienparaphrase hält sich sehr weitgehend an das sogenannte »Diatessaron«, eine im 2. Jh. von dem Syrer Tatian erstellte Harmonie aus den vier apostolischen Büchern, die später auch ins Lateinische übersetzt wurde (die älteste überlieferte Fassung stammt aus dem 6. Jh.) und im 9. Jh. unter Hrabanus Maurus im Kloster Fulda eine Übertragung ins Deutsche erlebte. Den lateinischen »Tatian« nahm der Helianddichter zur Richtschnur für seine Auswahl der paraphrasierten Bibelstellen. Abweichungen sind bedingt durch Auslassungen und theologische Ergänzungen aus Nebenquellen.

Der Inhalt des »Heliand« ist also die heilsgeschichtliche Erzählung von Geburt, Kindheit, Lehren und Wundertaten, Leiden, Tod und Auferstehung Christi. Vorangeht nach einer allgemeinen Einleitung über das Zeugnis der vier Evangelisten und die Zeit des Herodes die Geschichte von der Geburt Johannes des Täufers. Ob der ursprüngliche Text mit der Himmelfahrt endete (von der uns lediglich ein Bruchstück überliefert ist), ist ungewiß. Rathofer vermutet den Verlust von vier Schlußfitten (307 Langzeilen).

Die Frage nach einer möglichen literarischen Leistung bei der versmäßigen Umsetzung des biblischen Wortlauts stellt sich mit verstärkter Dringlichkeit angesichts der beiden volkssprachigen Großwerke »Heliand« und »Evangelienbuch« allein schon wegen deren quantifizierbarer Überlegenheit über die lateinischen Poesien der Zeit (Otfrids »Evangelienbuch« ist die umfangreichste Dichtung der karolingischen Epoche überhaupt!). Die Grenzen poetischer Bibelparaphrase sind eng gesteckt: rhetorische Ausweitung (in grammatischer, epischer, lyrischer, dramatischer Hinsicht) oder raffende Kürzung des zugrundegelegten Wortlauts, theologischer Kommentar (im mehrfachen Schriftsinn).

Wie im Fall schon der spätantiken lateinischen Bibelepen spielt eine entscheidende Rolle auch im volkssprachigen Bereich die Art der Übersetzung, Umsetzung in die Konventionen einer traditionellen Dichtersprache und – im Spannungsverhältnis eigensprachlicher Begrenzung und theologisch-dogmatischer Erfordernis – die Schaffung eines christlich-poetischen Vokabulars zum Transport der neuen geistlichen Lehrinhalte. Hinzu kommt schließlich die Organisation des Stoffes in eine symbolische Großgliederung, wie sie die jüngere Forschung aufgedeckt hat. Unter diesen Aspekten ist die Leistung des Helianddichters zu beschreiben und zu bewerten.

Das unmittelbar auffallendste Mittel paraphrastischer Umsetzung des biblischen Wortlauts in Verse der westgermanischen geistlichen Stabreimdichtung ist die ›Variation‹ (s. 2.144). Die Varition ordnet sich den Modi der rhetorischen Amplifikation zu und ist – zwar nicht formal gleich, aber vergleichbar – allen einschlägigen versmäßigen Paraphrasen seit der spätantiken Bibelepik vertraut. Eine besondere Rolle spielt sie in Otfrids »Evangelienbuch«.

Stilmittel ist auch die Umsetzung geistlichen Stoffes in das formale und sprachliche Repertoire einer vorhandenen Dichtungstradition. Schon die spätantiken Bibelepiker hatten mit den Mitteln der klassischen Epensprache den christlichen Inhalt zu fassen versucht. Das führte dazu, daß der christliche Gott in den vergilianischen Wendungen *summus tonans* oder *rector Olympi* apostrophiert oder die biblische Verheißung Lc. 1,33 *et regni eius non erit finis* mit der zentralen Staatsprophetie der »Aeneis« I,279 *imperium sine fine (dedi)* wiedergegeben werden konnte. Solche durchgehende *interpretatio christiana* des antiken Epos führte notwendig zur komplementären Erscheinung einer »interpretatio epica der biblischen Tradition« (Thraede 1961, Sp. 1035), zur »Romanisierung« des Bibeltextes (l. c. Sp. 1022). So auch müssen wir das Verfahren der angelsächsischen Bibelparaphrasen und des Helianddichters verstehen: »Der Heiland stammt aus edelm Geschlecht (*thes bezton giburdies* 584, *cunnies gôdes* 610), aus dem Hause Davids, des berühmten Edelkönigs, der das Herrscheramt hatte auf dem Hochsitz 361 ff. Darum ist auch Maria edelgeboren (*adalcnôsles* 297, *adalcunnies* 801), sie trägt den Ehrennamen *idis*, schönste der hehren Frauen 270.2032; auch Joseph ist ein edler Mann (*edili* 768). Christus ist der *cuning* Volkskönig, *drohtin* Gefolgsherr, *waldand* Herrscher, *landes ward, liof landes ward* der liebe Landes Schützer, *burgo hirdi, landes hirdi* der Hirte der Städte, des Landes; *the rîkeo* der mächtige, ist *cuningo rîkost* mächtigster der Könige, *kraftag, mâri* (berühmt) *endi mahtig* [...]. Die Jünger sind die Gefolgsmannen *(degen)*, die Gefährten, die Begleiter, Gefolge *(gisîdos)*, Gesinde *(gisîdi)*, treuhafte Männer *(treuhafta man)* [...]; auch edelgeboren werden sie genannt (4003). Sie begleiten ihren Herrn auf seinen Zügen durch das Land; sie umstehen ihn, wenn er als Gesetzgeber und Richter auf dem Königsstuhl sitzt (Eingang der Bergpredigt, 1281 ff.); sie sind klug im Rat (*wordspâha weros* 1150.2414); sie sind ihm treu ergeben bis zum Tode« (Ehrismann 1932, S. 165).

Seit der Untersuchung A. F. C. Vilmars über die »deutschen Altertümer im Heliand« (1845) ist die Frage der ›Germanisierung des Christentums‹ durch den altsächsischen Dichter postuliert und bestritten worden. Anlaß boten besonders jene scheinbar substantiellen Indizien ›germanischer Gesinnung‹, die sich mit den Stichworten Gefolgschaftsdenken und Schicksalsglauben (in den Wörtern *wurd, wurdigiscapu* u. ä.) verbinden lassen. Da aber selbst im Urteil germanophiler Interpreten der christliche Gehalt nicht eigentlich angetastet wird, eindringende Untersuchungen zur Theologie des Helianddichters am Beispiel seines Gottesbildes, der Sünden- und Gnadenlehre und der Gesamtkonzeption des Gedichts vielmehr die dogmatische und lehrmäßige Untadeligkeit der poetischen Aussagen nachgewiesen haben, ist von ›Germanisierung‹ im Sinne eines wie immer gearteten Synkretismus nicht mehr die Rede. Das unabweisliche Stilphänomen hat überdies seine theologiegeschichtliche Erklärung gefunden in dem Hinweis auf das seit den Synoptikern sich stellende Problem der ›Akkomodation‹ (Rathofer 1962), der Anpassung also der Verkündigung im Wort an den jeweiligen kulturellen Standard.

Die in der spätantiken lateinischen Bibeldichtung sich immer stärker durchsetzende Ausweitung der Paraphrase durch exegetische und katechetische Zusätze, wird in der angelsächsisch-altsächsischen geistlichen Stabreimdichtung sehr unterschiedlich verwirklicht. Exegetische Kommentare sind nur sehr zurückhaltend eingearbeitet worden; häufiger finden sich allgemein gehaltene geistliche Ermahnungen in direkten Hörerapostrophen. Wo naheliegende exegetische Traditionen in die volkssprachige Paraphrase hineinspielen, werden sie nicht selten in den epischen Vorgang aufgelöst und sind so nur für den theologisch gebildeten Rezipienten kenntlich und verständlich.

Anderseits darf man davon ausgehen, daß auch dort, wo der Helianddichter scheinbar frei von der biblischen Vorlage verfährt, er sich auf geläufige kirchliche Interpretationsmuster stützt. Ein Beispiel dafür ist die Episode des bethlehemitischen Kindermords (vv. 727ff.), zu der Piper in seiner Ausgabe bemerkt: »Die nun folgende Schilderung des Mordes der Kinder und der Schmerzen der Mütter entfernt sich wesentlich von der Quelle und ist von dichterischer Schönheit« (1897, S. 70). Ein Vergleich mit der kirchlichen Literatur lehrt jedoch, wie traditionell jede ausschmückende Zutat des Helianddichters ist, der scheinbar nur seinem individuellen Stilwillen folgt.

Eine vieldiskutierte Ausnahme solcher wesentlich auf den Erzählvorgang abgestellten Paraphrase macht die 44. Fitte des »Heliand« mit einer umfangreichen symbolischen Ausdeutung der Blindenheilung. Ihre Sonderstellung hat einzelne Interpreten veranlaßt, sie dem Helianddichter abzusprechen und als interpoliert zu erklären (Krogmann 1955 und 1964, S. 66–73). Dagegen steht die Auffassung, daß gerade diese Fitte das »zentrale Anliegen des Dichters« enthält, »die Macht der Sünde und die Erlösung von der Sünde aufzuweisen« (Rathofer 1964/73, S. 376).

Ins Zentrum der literarischen Leistung des Helianddichters zielen die jüngsten Untersuchungen zum Bauplan des »Heliand«. Hier hat das Buch von Johannes Rathofer (1962) Epoche gemacht und die Heliandforschung insgesamt auf eine höhere Stufe gehoben. Zustimmung und Widerspruch, produktive Fortführung und Versuche zur Widerlegung der Thesen und Analysen Rathofers bestimmen die seitherige wissenschaftliche Diskussion. Rathofers Grundannahme liegt in der Möglichkeit zahlensymbolischer Gliederung literarischer Texte, wie sie sich als theoretisches Postulat – unter Berufung auf das alttestamentliche Wort *omnia in mensura, et numero, et pondere disposuisti* (Sap. 11,21) – und faktisches Vorgehen – bis zum Extrem von Figurengedichten wie etwa Hrabans Zyklus »De laudibus sanctae crucis« (= Lobgedichte auf das heilige Kreuz) – in der zeitgenössischen Literatur nachweisen läßt. Rathofer demonstriert den »Bauwillen des Dichters« an dem formalen Verhältnis der Fitten 32–44 zueinander. Die Dreizehnergruppe ist symmetrisch um die Mitte der 38. Fitte über die Verklärung Christi angeordnet. Dreizehn Fitten also, die den »christologischen und soteriologischen Kerngedanken der Dichtung« enthalten.

»Christus ist wahrer Gott und wahrer Mensch und gekommen, die erbsündige Menschheit, sofern sie nur glaubenswillig ist, durch seine Lehre und sein Leiden zu erlösen. Die 13er-Gestalt ›bedeutet‹ Christus und die Zwölf als *fundamentum ecclesiae*. Da ihr 31 Lektionen vorangehen, dürften ihr aus Gründen der Symmetrie ebenso viele gefolgt sein. Die auch aus andern Erwägungen heraus postulierten 75 Fitten des Gesamtwerkes (Verlust von 4 Fitten am Ende) bildeten dann in linearer Sehweise eine dreiteilige Zentralkomposition von 31–13–31 Fitten (mit deutlichem Ziffernchiasmus), wobei die 2 × 31 Flügelfitten die *figura* des Gottesvolkes darstellen könnten« (Rathofer 1971, S. 257f.).

Im Anschluß an William Foerste (1950/73, S. 97f.) legt Rathofer über diese symbolische Gliederung das gröbere Raster einer ursprünglichen Aufteilung des Heliandtextes in vier Bücher: 1) Fitte 1–12, 2) Fitte 13–31, 3) Fitte 32–53, 4) Fitte 54–(postuliert)75. Auch diese Zahlen stehen wieder in geistlichem Bedeutungszusammenhang:

»Sie formieren sich zu einer *figura crucis* dergestalt, daß die beiden ersten Bücher (mit zusammen 31 Fitten) den senkrechten, die beiden letzten (mit je 22 Fitten) die waagrechten Kreuzesbalken bilden. Im Schnittpunkt steht die 16. Fitte, die die Quintessenz der 4 Evangelien und der 4 Bücher des H. enthält: die 8 Seligpreisungen der über 8 Lektionen reichenden Bergpredigt. Die Vier erscheint überall als die ›gute‹ Grundzahl, die die ›rechte‹ Ordnung der Dichtung stiftet und garantiert. Sie ist die innerste Signatur des H. und seiner in der Tektonik sich manifestierenden dichterischen Welt, die ganz von jener *forma* geprägt wird, die nach dem Schlußwort in Hrabans Kreuzgedicht *consummatrix et perfectio rerum est*« (Rathofer 1971, S. 258).

Diese Buchgliederung kann sich zudem auf bislang vernachlässigte oder unverstandene Gliederungsmerkmale in den Handschriften C und M berufen: die Überschrift bzw. Marginalie *Passio (Domini)* zwischen (postuliertem) dritten und viertem Buch, der altepische Einsatz *So gifragn ik* der 13., 32. und 54. Fitte (also des 2., 3. und 4. Buchs) und die Entsprechungen in der Bucheinteilung des vorbildlichen lateinischen Tatian in einigen Handschriften. Hier sind weitere Forschungsbemühungen angekündigt (Rathofer 1971, S. 258 Anm. 57 und 1964/73, S. 374 Anm. 89).

Literatur:
A. C. F. Vilmar, Deutsche Altertümer im Hêliand als einkleidung der evangelischen geschichte. Beiträge zur erklärung und zur innern geschichte der einführung des Christentums in Deutschland. 1845. Zweite Ausgabe 1862.
Edmund Behringer, Zur Würdigung des Heliand. Progr. Aschaffenburg. 1891.
Andreas Heusler, Der Heliand. Zur Einführung. In: *Heusler* 1921. Wieder in: Kl. Schr. 1, 1943, S. 566-577.
Ludwig Wolff, Der Heliand als germanisch-deutsches Kunstwerk. Zs. f. Deutschwiss. u. Deutschunterricht 1, 1944, S. 76-84. Wieder in: Kl. Schr. 1967, S. 70-81.
Wilhelm Stapel, Der altsächsische Helianddichter. WiWo. 3, 1952/53, S. 67-73.
Johannes Rathofer, Der Heliand. Theologischer Sinn als textonische Form. Vorbereitung und Grundlegung der Interpretation. 1962 (= Niederdeutsche Studien 9). Von den zahllosen Rezensionen ist wichtig besonders: *G. Cordes* ZfdA 78, 1967, S. 55-79.
ders., Zum Aufbau des Heliand. ZfdA 93, 1964, S. 239-272. Wieder 1973 (= WdF 321), S. 344-399.
Willy Krogmann, Absicht oder Willkür im Aufbau des Heliand. 1964 (= Deutsches Bibelarchiv. Abhandlungen und Vorträge 1).
Burkhard Taeger, Zahlensymbolik bei Hraban, bei Hincmar – und im Heliand? Studien zur Zahlensymbolik im Frühmittelalter. 1970 (= Münchener Texte und Untersuchungen zur deutschen Literatur des Mittelalters 30).
Johannes Rathofer, Altsächsische Literatur. In: Kurzer Grundriß der germanischen Philologie bis 1500. Hrsg. v. Ludwig Erich Schmitt. Bd. 2: Literaturgeschichte. 1971, S. 242-262.
Ute Schwab, Zur zweiten Fitte des Heliand. In: Festschrift de Boor 1971, S. 67-117.
Achim Masser, Pilatus im Heliand. NdJb. 96, 1973, S. 9-17.

2.146 Quellen und Theologie. Neben einer (noch unbekannten) Rezension des »Diatessaron« als Textgrundlage hat der Helianddichter wohl auch die geläufigen exegetischen Kommentare benutzt wie Beda zu Lukas, Alkuin zu Johannes und Hraban zu Matthäus. Die Benutzung des Hraban wird immer wieder bestritten, scheint aber doch nach jüngsten Forschungsergebnissen (Huber 1969) festzustehen. Unsicher bleiben alle übrigen Nachweise möglicher Nebenquellen wie apokrypher Schriften, der lateinischen Bibelepen, kirchlicher Homilien und Hymnen und volkssprachiger angelsächsischer Gedichte (›Crist III‹). Das erklärt sich einmal aus der oben angedeuteten Arbeitsweise des Dichters, der seine theologischen Kenntnisse nur undeutlich durch die Verse seiner Paraphrase hindurchschimmern läßt, alle direkten exegetischen Kommentare bis auf wenige Ausnahmen meidet; zum andern aber müssen wir im Bereich geistlicher Dichtung mit einer Fülle freischwebender Formeln, Inhalte, Assoziationen rechnen, die nicht in jedem Fall auf eine bestimmte, schriftlich fixierte Quelle zurückgeführt werden können.

Die Fragen nach einer spezifischen Theologie des Helianddichters sind in der älteren Literaturgeschichte meist deskriptiv aus dem »Heliand« selbst beantwortet worden. Oder aber man hat mit divergierenden Quellennachweisen gearbeitet, ohne letztlich die Abhängigkeit und bewußte Gefolgschaft des Dichters von einer bestimmten Autorität sicher stellen zu können. Neuere Untersuchungen haben die weitgehende Übereinstimmung des Lehrinhalts der altsächsischen Dichtung mit der zeitgenössischen Theologie ergeben. »Bestimmte Züge (Betonung der metaphysischen Gottessohnschaft und der Souveränität des göttlich-freien Willens in allem Tun und Leiden) scheinen noch als Nachwirkungen des Streites mit den spanischen Adoptianisten gedeutet werden zu können« (Rathofer 1971, S. 255).

Literatur:
Zu den Quellen:
Windisch 1868.
Eduard Sievers, Zum Heliand. ZfdA 19, 1876, S. 1–76. Hier S. 1–39.
Otto Grüters, Über einige Beziehungen zwischen altsächsischer und altenglischer Dichtung. Diss. Bonn 1904. Bonner Beiträge 17, 1905, S. 1–50.
Carl August Weber, Der Dichter des Heliand im Verhältnis zu seinen Quellen. ZfdA 64, 1927, S. 1–76.
Walter Henss, Zur Quellenfrage im Heliand und ahd. Tatian. NdJb. 77, 1954, S. 1–6. Wieder 1973 (= WdF 321), S. 191–199.
F. P. Pickering, Christlicher Erzählstoff bei Otfrid und im Heliand. ZfdA 85, 1954/55, S. 262–291.
Willy Krogmann, Beiträge zur altsächsischen Sprache und Dichtung. 2. Der

Helianddichter und Hrabanus Maurus. 3. Orosius als Quelle des Heliand-
dichters. 4. Apokryphes im Heliand? 5. Die Taube auf der Achsel (Heliand
V. 988). NdJb. 79, 1956, S. 1-39.
ders., Beiträge zur altsächsischen Sprache und Literatur. 6. Der Heliand und
 Adamnans Pilgerschaft. NdJb. 80, 1957, S. 25-30.
Gerd Bockwoldt, Zur Frage der speziellen Hauptquelle im Heliand. NdJb.
 84, 1961, S. 25-33.
Willy Krogmann, Crist III und Heliand. Festschrift L. Wolff 1962, S.
 111-119.
Juw fon Weringha, Heliand and Diatessaron. 1965 (= Studia Germanica 5).
Frederick P. Pickering, Wieder ›Apokryphes im Heliand‹. ZfdA 95, 1966,
 S. 79f.
Wolfgang Huber, Heliand und Matthäusexegese. Quellenstudien insbeson-
 dere zu Sedulius Scottus. 1969 (= Münchener Germanistische Beiträge 3).

Zur Theologie:
Hulda Göhler, Das Christusbild in Otfrids Evangelienbuch und im Heliand.
 ZfdPh. 59, 1935, S. 1-52.
Ludwig Wolff, Germanisches Frühchristentum im Heliand. ZfDkde. 49,
 1935, S. 37-54.
Walter Köhler, Das Christusbild im Heliand. AKG 26, 1936, S. 265-282.
Friedrich Wulf S. J., Die Frömmigkeit des altsächsischen ›Heliand‹. Geist
 und Leben 22, 1949, S. 273-292.
Elisabeth Grosch, Das Gottes- und Menschenbild im Heliand. Diss. Leipzig
 1947. Beitr. 72, 1950, S. 90-120.
Marianne Ohly-Steimer, »huldi« im Heliand. ZfdA 86, 1955/56, S. 81-119.
Heinz Rupp, Leid und Sünde im Heliand und in Otfrids Evangelienbuch.
 Diss. Freiburg 1949. Beitr. 78, Halle 1956, S. 421-469.
Rathofer 1962.
ders., Hraban und das Petrusbild der 37. Fitte im Heliand. Festschr. J. Trier
 1964, S. 268-283.

2.147 Funktion und Zeitgeschichte. Der bis in neuere Zeit und gerade im Vergleich mit Otfrids »Evangelienbuch« immer wieder her-
ausgestellte unspekulative, ›evangelische‹ Stil des »Heliand« hat auch
die Funktionsbeschreibung und Verfasserbestimmung entscheidend
beeinflußt. Der Grund für die Zurückhaltung des Helianddichters
gegenüber allen Möglichkeiten allegorischer Exegese kann sehr verschieden interpretiert werden, da wir über den wirklichen Verwen-
dungszusammenhang der volkssprachigen geistlichen Dichtung im
9. Jahrhundert kaum informiert sind. Es mögen zudem auch innerhalb des durch gemeinsame Tradition konstituierten einheitlichen
Genres christlicher Stabreimdichtung erhebliche Unterschiede zwischen den einzelnen uns überlieferten Texten hinsichtlich ihrer Entstehung, Verbreitung und Rezeption bestanden haben. Man hat
daran gedacht, es könnten die Verfasser durchweg Laien gewesen

sein, es könnte das anzusprechende Publikum in laikalen und durch theologische Gelehrsamkeit unerreichbaren Kreisen zu suchen sein und die christliche Stabreimdichtung habe vornehmlich missionstechnische Funktion gehabt. Seit die jüngere Forschung jedoch sehr nachdrücklich den theologischen Gehalt gerade des »Heliand« herausgearbeitet hat, kann weder mehr vom Helianddichter als einem Laien noch von einer breiteren, d. h. nicht auf den kirchlich-klösterlichen Bereich abgestellten missionsgerichteten Aufgabe solcher volkssprachigen Buchdichtung gesprochen werden. Dazu stimmt, daß schon Beda nur davon zu berichten weiß, es seien die Caedmonschen Gedichte im Kloster entstanden und von Klosterleuten rezipiert worden. Auch die Großform ist nur aus einer Literaturerwartung heraus zu verstehen, die durch antike Epik und kirchlich-lateinische Poesie etwa der umfänglichen versmäßigen Bibelparaphrasen formuliert war, also einem Bereich literarischer Aktivität angehörte, an der Laien nicht teilhatten. An diesem qualitativen Unterschied weltlicher und geistlicher Bildungsnormen hatte auch das Postulat der karlischen Bildungsreform wenig geändert.

Der Rückgriff auf altheimische poetische Konventionen, Formen und Vorstellungen ist jedoch nicht erschöpfend erklärt mit dem Hinweis auf eine durch die Angelsachsen begründete und von ihnen auf den Kontinent zurückgetragene Tradition; er ist verständlich erst als bewußt vollzogene und notwendige Verbindung des antiklateinischen Literaturmusters mit dem germanischen Dichtungsverständnis, das in all seinen formalen Manifestationen erst den Kunstanspruch eines volkssprachigen epischen Gedichts geistlich-christlichen Inhalts garantierte. Der Vorgang hat seinen soziologisch faßbaren Grund in der massiven Durchsetzung kirchlicher Institutionen mit Vertretern der germanischen Führungsschicht, in deren Interesse die Pflege der altheimischen Poesie lag. Es wiederholt sich hier unter veränderten Bedingungen der gleiche Vorgang, den wir seit dem 4. Jh. in der Aufnahme säkularer Traditionen in die christliche Literatur des lateinischen Westens beobachten und aus eben diesen sozialgeschichtlichen Ursachen heraus erklären können (s. 1.111).

Es empfiehlt sich also, aus den durchaus zutreffenden Beobachtungen über bestimmte Tendenzen des Helianddichters keine voreiligen Schlüsse auf den Kreis des Publikums zu ziehen. So richtig die Beobachtung ist, daß der Verfasser auch gegen seine Vorlage alle Details kriegerischen Inhalts meidet (so fehlt das Wort Christi, er sei gekommen, das Schwert zu bringen Mt. 10,33; es fehlt das Gleichnis von den bösen Weingärtnern Mt. 21,33 ff.; dafür werden gegen die Vorlage Warnungen vor Kampf und Fehde eingefügt vv. 1439 ff.

u. a. m.); so nahe es liegt, dahinter »pädagogische Absichten« (Rupp 1956/73, S. 250) zu vermuten, so wenig gesichert ist die Interpretation, der Helianddichter habe damit »seine im Glauben noch nicht gefestigten Landsleute«, »seine Sachsen« (l. c. S. 264) ansprechen wollen. Die verallgemeinernde Handbuchauskunft: »Der ›Heliand‹ sollte den neubekehrten Sachsen das Wort Gottes verkündigen [...]. Der Dichter wendet sich an seine *adeligen* Standesgenossen« (Foerste in: RL I, 1958, S. 43 f.), ist durch keinen eindeutigen sozialgeschichtlichen Befund zu erhärten. Man beruft sich auf die Heliandpraefatio, in der es heißt, die vernakulare Versparaphrase habe die *illiterati* an der Lektio der Schrift teilnehmen lassen sollen (»quatenus non solum literatis, verum etiam illiteratis, sacra divinorum praeceptorum lectio panderetur«). Daß es sich dabei aber um weltliche Laien (und nicht lateinunkundige Laienbrüder) gehandelt habe, ist nur durch den andern Satz der Praefatio zu belegen, Ludwig (der Deutsche?) habe dem ganzen Volk *(cunctus populus)* die Bibel in deutscher Sprache nahebringen lassen wollen, zu der bislang nur die Lateinkundigen *(eruditi)* Zugang hatten. (Gerade dies war der Punkt des reformatorisch-humanistischen Interesses, dem wir die Überlieferung verdanken!) Die problematische Authentizität der einzelnen Formulierungen in der Heliandpraefatio ist jedoch ein allzu unsicherer Boden, um so kühn auf ihm zu bauen.

Literatur:
cf. die unter 2.115 und 2.137 genannten Titel.
Walter Baetke, Die Aufnahme des Christentums durch die Germanen. Ein Beitrag zur Frage der Germanisierung des Christentums. In: Die Welt als Geschichte 9, 1943, S. 143–166. Wieder in: Vom Geist und Erbe Thules. Aufsätze zur nordischen und deutschen Geistes- und Glaubensgeschichte. 1944, S. 82–117 und separat 1957.
Heinz Rupp, Der Heliand. Hauptanliegen seines Dichters. DU 8,1, 1956, S. 28–45. Wieder 1973 (= WdF 321), S. 247–269.

2.2. Endreimdichtung

2.21 Otfrid von Weißenburg

2.211 Überlieferung. Otfrids »Evangelienbuch« – *liber evangeliorum, evangeliorum pars, evangeliono deil* nennt der Autor selbst sein Werk – ist uns in einem »einzigartig guten und zuverlässigen Überlieferungszustand« (E. Schröder) überkommen. Die vier bekannten Handschriften enthalten das »Evangelienbuch« in unterschiedlicher Vollständigkeit:

V = Codex Vindobonensis 2687, in der Österreichischen Nationalbibliothek in Wien, stammt noch aus dem 9. Jh. (um 865-70) und wurde im Weißenburger Skriptorium von mehreren Händen geschrieben. Die Langverse sind abgesetzt und alternierend eingerückt, Kurzversschlüsse meist durch Reimpunkte markiert. Die Handschrift enthält drei Bildseiten: Einzug in Jerusalem (112^r), Abendmahl (112^v) und Kreuzigung (153^v). Die Vorderseite des ersten Blattes ist mit der Figur eines Labyrinths geschmückt. Hinzu kommen Inhaltsverzeichnisse zu den fünf Büchern, Initialen am Eingang der ungeraden Verse, Akzente und Marginalien in roter Farbe. Die Handschrift ist sorgfältig durchkorrigiert, die Korrekturen stammen offensichtlich von Otfrid selbst. V als die vollständigste Handschrift bringt auch alle Widmungsschreiben (an König Ludwig den Deutschen, an Erzbischof Liutbert von Mainz, an Bischof Salomo I. von Konstanz und an die St. Galler Mönche Hartmut und Werinbert).

P = Codex palatinus latinus (!) 52, in der Heidelberger Universitätsbibliothek, stammt wie V noch aus dem 9. Jh. und wurde wohl auch (von den gleichen Händen wie V?) im Weißenburger Skriptorium verfertigt. Die äußere Einrichtung gleicht der von V. Durch spätere Verluste fehlen heute die Verse 1-75 der Widmung an Ludwig, der Schluß des fünften Buchs (ab V,23,265) und die Verse 1-141 der Widmung an die St. Galler Mönche.

D = Codex discissus (= ›zerschnittene Handschrift‹), deren Bruchstücke – das Berliner Fragment ist im letzten Krieg verlorengegangen – heute in Bonn (Universitätsbibliothek Cod. S 499 [78]) und Wolfenbüttel (Herzog-August-Bibliothek Cod. 131. 131 a Extravagantes) aufbewahrt werden. Die letzten Funde dieser Handschrift gelangen erst 1936. Die Handschrift galt bislang als gleichaltrig mit VP, wird aber neuerdings ins 10. Jh. datiert (B. Bischoff bei H. Fischer 1966, S. 21*). Die bisher geltende Weißenburger Provenienz ist entsprechend zugunsten eines Mainzer Skriptoriums infrage gestellt worden.

F = Codex Frisingensis, heute in der Münchner Staatsbibliothek (cod. germ. mon. 14), ist erst um 900 auf Veranlassung des Erzbischofs Waldo von Freising (884-906) geschrieben worden, wie die Subscriptio festhält

(»Waldo episcopus istud evangelium fieri jussit. Ego Sigihardus indignus presbyter scripsi«). Der Text ist vollständig bis auf die vier weggelassenen Widmungsschreiben und das Kapitel I,2. Ebenso fehlen die Inhaltsangaben zu den ersten vier Büchern. Bis auf die Initialentechnik und die Absetzung des zweiten Halbverses durch Spatium (ab I,1,55) ist die Einrichtung des Schriftbildes den andern Otfridhandschriften vergleichbar.

Man hat aus verschiedenen Indizien auf die Existenz von vier weiteren, heute verlorenen Handschriften geschlossen. Treffen diese Überlegungen das Richtige, ist die geläufige literarhistorische Auskunft zu revidieren, »daß dem Werk Otfrids keine oder nur geringe Nachwirkung beschieden gewesen sei« (Kleiber 1971, S. 21).

Die Vorzüglichkeit der Überlieferung ist dagegen seit je erkannt und auch heute anerkannt. Umstritten war eine Zeitlang lediglich die Frage, ob V oder P der Vorzug gebühre – und auch dies nur durch die Hartnäckigkeit, mit der Paul Piper an P als der Leithandschrift festhielt. Seit der großen Otfridausgabe von Erdmann gilt V uneingeschränkt als die zuverlässigste Handschrift, in einigen Partien und hinsichtlich der Korrekturen sogar als Autograph Otfrids – ein Unikum in der Überlieferungsgeschichte der deutschen Literatur des Mittelalters. P entstand in unmittelbarem Zusammenhang mit V. Auf V sind wohl auch D und F zurückzuführen.

Literatur:
Editionen:
Johann Kelle, Otfrids von Weissenburg Evangelienbuch. I: Einleitung und Text. 1856. – II: Formen und Lautlehre. 1869. – III. Glossar. 1881.
Paul Piper, Otfrids Evangelienbuch mit Einleitung, erklärenden Anmerkungen und ausführlichem Glossar. I: Einleitung und Text. 1878. Zweite, durch Nachträge erweiterte Ausgabe 1882. – II: Glossar und Abriß der Grammatik. 1884.
ders., Otfrids Evangelienbuch. 1882. ²1884. ³1895. – Kurzes Otfridwörterbuch. 1884 (= Germanistischer Bücherschatz 4 und 11).
Oskar Erdmann, Otfrids Evangelienbuch. Herausgegeben und erklärt. 1882 (= Germanistische Handbibliothek 5).
ders., Otfrids Evangelienbuch. Textabdruck mit Quellenangaben und Wörterbuch. 1882 (= Sammlung germanistischer Hilfsmittel für den praktischen Studienzweck 1). 2. Auflage besorgt von *Edward Schröder* 1934. 3.–6. Auflage besorgt von *Ludwig Wolff* 1957. 1961. 1965. 1973 (= ATB 49).

Faksimile:
Paul Piper, Otfrid und die übrigen Weißenburger Schreiber des neunten Jh.s. Mit 30 Facsimiletafeln und 12 Facsimileautotypien. 1899.
Fischer 1966, Tafel 18.
Kleiber 1971.

Hans Butzmann (ed.), Otfrid von Weißenburg, Evangelienharmonie. Vollständige Faksimile-Ausgabe des Codex Vindobonensis 2687 der Österreichischen Nationalbibliothek. Einführung H. B. 1972 (= Codices selecti XXX).

Übersetzungen:
Johann Kelle, Christi Leben und Lehre besungen von Otfrid. Aus dem Althochdeutschen übersetzt. 1870. Neudr. 1966.
Richard Fromme, Otfrids Evangelienbuch. Aus dem Althochdeutschen frei übersetzt. o. J. (1928).

Zur Überlieferung:
Ernst C. Metzenthin, The Codex Disciseus of Otfrid's »Evangelienbuch« (»Liber evangeliorum«): an Unorthodox View. StPh. 28, 1931, S. 461–480.
H. Herbst, Neue Wolfenbütteler Fragmente aus dem Codex Discissus von Otfrids Buch der Evangelien. ZfdG 2, 1936, S. 131–152.
[Heinrich] Hempel, Bonner Otfridsplitter. ZfdA 74, 1937, S. 125–129.
H. Herbst, Die neuen Wolfenbütteler Otfrid-Fragmente. ZfdA 74, 1937, S. 117–125.
Willy Krogmann, Zur Überlieferung von Otfrids Evangelienbuch. Festgabe U. Pretzel 1963, S. 13–21.
Wolfgang Kleiber, Otfrid von Weißenburg. Untersuchungen zur handschriftlichen Überlieferung und Studien zum Aufbau des Evangelienbuches. 1971 (= Bibliotheca germanica 14).

2.212 Schriftdialekt und Sprache. Der Dialekt der Handschriften VPD ist südrheinfränkisch, nur F hat – zunächst zögernd, ab dem dritten Buch konsequent – bairische Schreibung durchgeführt. Bemerkenswert ist Otfrids Bemühung um einheitliche Graphie, über deren Problematik er im Brief an Liutbert Auskunft gibt. Der Übergang von Schriftlosigkeit zu Schriftlichkeit, der bislang nur als Wechsel von der Volkssprache zur Latinität geläufig war (wenn wir einmal von Karls des Gr. Anregung zu einer deutschen Grammatik absehen, von der wir über diese Nachricht Einhards hinaus nichts wissen) und als derartiger qualitativer Sprung bis ins 16. Jh. geläufig blieb, mußte die eigene Sprache als barbarisch erscheinen lassen, weder dem graphischen System noch den Regeln der Grammatik noch gar den Konventionen metrischen Versbaus der lateinischen Schriftsprache gefügig.

›Wie unsere wilde Sprache roh, ungebildet und nicht daran gewöhnt ist, sich den Zaum grammatischer Regeln anlegen zu lassen, so ist auch die Schreibung vieler (gesprochener) Wörter wegen der Häufung sowohl wie des (der lateinischen Sprache) fremden Klangs vieler Laute schwierig‹ (»Huius enim linguae barbaries ut est inculta et indisciplinabilis atque insueta capi regulari freno grammaticae artis, sic etiam in multis dictis scriptio est propter literarum aut congeriem aut incognitam sonoritatem difficilis«).

Für bestimmte Laute, deren phonetische Qualität das Lateinische nicht kennt, habe er die Graphien uuu (= Konsonant w + Vokal u), y, k und z gewählt. Schwerer zu verstehen sind die Ausführungen über Vokalkürzungen (Synaloephe und Hiatus); einfacher wieder die Erörterungen über grammatische Fragen wie die doppelte Negation im Deutschen, Numerus- und Genuswechsel im Übergang vom Lateinischen ins Deutsche (Barbarismus und Soloecismus). Hier sind Probleme angesprochen, die im Westen seit Hieronymus und Augustin im Zusammenhang der Bibelübersetzung behandelt wurden und als Probleme in oft sehr ähnlichen Formulierungen bis Luther weitergereicht werden. Es sind also weniger die theoretischen Aussagen, die Otfrids Leistung markieren, als die daraus gezogenen Konsequenzen für das praktische Verfahren der Schreibung, Übersetzung und poetischen Ausformung seiner volkssprachigen Bibeldichtung.

Literatur:
G. Michaelis, Bemerkungen zu Otfrid ad Liutbertum. Archiv 73, 1885, S. 73–84.
Georg Baesecke, Undeutsche Synaloephen bei Otfried. Beitr. 36, 1910, S. 374–381. Wieder in: G. B., Kleine metrische Schriften ... 1968, S. 30–35.
Max H. Jellinek, Otfrids grammatische und metrische Bemerkungen. Festschr. Zwierzina 1924, S. 3–16.
Helmut de Boor, Untersuchungen zur Sprachbehandlung Otfrids. Hiatus und Synaloephe. 1928 (= Germanistische Abhandlungen).
Cornelis Soeteman, Untersuchungen zur Übersetzungstechnik Otfrid von Weizenburgs. Diss. Groningen 1939.
Otto Springer, Otfrid von Weissenburg: Barbarismus et Soloecismus. Studies in the Medieval Theory and Practice of Translation. Symposion 1, 1946/47, S. 54–81.
Werner Nemitz, Zur Erklärung der sprachlichen Verstöße Otfrids von Weißenburg. Diss. Marburg. Beitr. 84, Tüb. 1962, S. 358–432.
Raphaela Gasser, Propter lamentabilem vocem hominis. Zur Theorie der Volkssprache in althochdeutscher Zeit. Diss. Zürich 1969. 1970.

2.213 Autor und Datierung. Über den Autor sind wir durch die vier Widmungstexte und ihre Selbstaussagen besser informiert als über die meisten andern volkssprachigen Dichter des Mittelalters. Danach war er Schüler des Hrabanus Maurus im Kloster Fulda während dessen Leitung der berühmten Schule in den Jahren 822–847. Hier hat er nach traditioneller, neuerdings stark in Zweifel gezogener Ansicht (Haubrichs 1973) die (späteren) St. Galler Mönche Werinbert und Hartmut zu Freunden gewonnen. Seine Beziehung zu Salomo, der in den Jahren 839-871 Bischof von Konstanz war, ist im einzelnen nicht zu rekonstruieren. Das Approbationsschreiben an Erzbischof Liutbert von Mainz (863-889), zu dessen Diözese das Kloster Weißenburg gehörte, liefert den terminus post quem 863 für die Fertigstellung des »Evangelienbuchs«, der Tod Salomos I. im Jahre 871 den terminus ante quo. Auch das ist eine ungewöhnlich präzise Festlegungsmöglichkeit im Bereich der älteren deutschen Literatur.

Der Mönch und Priester des Klosters Weißenburg Otfrid nennt seinen Namen im Schreiben an Liutbert *(Otfridus monachus presbyterque)* und in den Akrosticha und Telesticha des Widmungsgedichts an Salomo *(Otfridus)* und der Versepistel an die St. Galler Mönche *(0 tfridus uuizanburgensis monachus).* Weitere Otfridnennungen finden sich in zwei Weißenburger Urkunden, in einem lateinischen Gedicht des 10. Jh.s und in den Libri confraternitatum der Klöster St. Gallen und Weißenburg. Ob jedesmal der Verfasser des »Evangelienbuchs« gemeint ist, kann mit letzter Sicherheit nicht gesagt werden. Diese seit langem bekannten Daten wurden in jüngster Zeit ergänzt und erweitert durch paläographische Untersuchungen an den erhaltenen Beständen der alten Weißenburger Bibliothek und den Handschriften des »Evangelienbuchs«, die »das Bild des Dichters im Rahmen der Bibliotheksgeschichte seines Klosters zu zeichnen« (Kleiber 1971, S. 113) versuchen. »Mit Otfrid als magister scholae gipfelte die Weißenburger Bibliotheksentwicklung« (l. c. S. 154). »Augenfällige Beweise liefern zunächst die zehn Handschriften, in denen Otfrids eigene Schriftzüge nachweisbar sind. Eine weitere Bestätigung sehen wir in der planvoll und systematisch betriebenen Schwerpunktbildung. Im Weißenburger Skriptorium entsteht seit der Mitte des 9. Jh.s ein groß konzipiertes Bibelwerk, das Glossare, historische Schriften, Kommentare zu (fast) allen Büchern des Alten und des Neuen Testaments enthält. Die Lücken der früheren Zeit werden nun fast völlig geschlossen. In großartiger ›Einseitigkeit‹ war das Buch der Bücher Zentrum der Schreibarbeit und des Studiums [...]. Bibelwerk und Evangeliendichtung vereinen sich in einem Ursprung. Sie sind aus einem Geiste geboren, haben einen Schöpfer« (l. c. S. 152 f.). Damit steht uns Otfrid deutlicher als bisher vor Augen – als Lehrer, Bibliothekar, Theologe und Dichter.

Literatur:
Kelle 1856, S. 3–28.
Piper 1878/82, S. (1–44).
Erdmann 1882, S. LIII–LXVII.

Ludwig Tesch, Zur Entstehungsgeschichte des Evangelienbuches von Otfrid. Erster Teil. Diss. Greifswald 1890.
Wilhelm Luft, Die Abfassungszeit von Otfrids Evangelienbuch. ZfdA 40, 1896, S. 246–253.
E[dward] S[chröder], Otfrid beim Abschluss seines Werks. ZfdA 55, 1917, S. 377–380.
Hans Bork, Chronologische Studien zu Otfrids Evangelienbuch. 1927 (= Palaestra 157).
Karl Helm, Otfrid-Nennungen? Beitr. 66, 1942, S. 134–145.
Wolfgang Haubrichs, Die Weißenburger Mönchslisten der Karolingerzeit. ZGORh. 118, 1970, S. 1–42.
Kleiber 1971, S. 131–151.
Wolfgang Haubrichs, Otfrids St. Galler ›Studienfreunde‹. ABäG 4, 1973, S. 49–112.

2.214 Form. Otfrids Reim-, Vers- und Strophenschema liegt durch die authentische Überlieferung insoweit offen vor uns, als die graphische Gestaltung Auskunft über die formalen Prinzipien gibt. Zwei Halbverse bilden je einen Langvers, zwei Langverse eine Strophe und – wie wir seit den Untersuchungen von Kleiber wissen – eine wechselnde Anzahl solcher Zweizeiler ›Strophengruppen‹ oder ›Großstrophen‹ (markiert durch die unterschiedliche Größe der Initialen). Weniger klar ist die Rhythmik der Verse, wenn auch heute die Vierhebigkeit der Hemistichen allgemein gilt. Unklar auch ist Otfrids eigene Vorstellung von seinen Versen, wie er sie im Schreiben an Liutbert und im Kapitel I,1 *Cur scriptor hunc librum theotisce dictaverit* formuliert hat. Umstritten schließlich die Vorbilder des althochdeutschen Reimverses und speziell des Otfridverses: sind es ältere volkssprachige Formen? die lateinische Hymnenstrophe? der lateinische epische Hexameter? die lateinischen Rhythmen der Merowinger- und Karolingerzeit?

Die Schwierigkeiten, Otfrids Versdefinitionen mit seiner Dichtungspraxis in Einklang zu bringen, liegen einmal in der Sachlage begründet, daß für den volkssprachigen Vers gar keine, für die lateinische rhythmische Dichtung nur unzureichende Terminologien zur Verfügung standen. Zum andern hat Otfrid selbst seine Aussagen verdunkelt durch die gleichzeitige allegorische Verwendung verstechnischer Bestimmungen (vv. I,1,35 ff.).

Zur Form in diesem äußerlich gefaßten Sinn gehört auch die buchmäßige Anordnung des Textes mit seinen Untergliederungen (Bücher, Kapitel), den Zwischenüberschriften, Marginalien, Inhaltsverzeichnissen, Widmungsschreiben, Prologen, Epilogen, Akrosticha und Telesticha. Damit stellt sich Otfrid programmatisch in den Traditionszusammenhang der antiken und kirchlich-lateinischen Literatur. Ein vergleichbarer Literaturanspruch volkssprachiger Dichtung wird – cum grano salis – erst in Sebastian Brants »Narrenschiff« wieder praktiziert und akzeptiert. Die gesamte volkssprachige Dichtung bleibt bis dahin im Zwischenbereich von Schriftlichkeit und Mündlichkeit und damit im Urteil der Zeitgenossen minderen Ranges als die lateinische Literatur.

Literatur:
Konrad Zwierzina, Otfrids Vorrede an Liutbert. ZfdA 31, 1887, S. 292–296.
Franz Saran, Zur Metrik Otfrids von Weissenburg. Festgabe E. Sievers 1896, S. 179–204.
Albert Morey Sturtevant, Zum Reimgebrauch Otfrids. MLN 28, 1913, S. 239–243.
Hermann Fränkel, Aus der Frühgeschichte des deutschen Endreims. ZfdA 58, 1921, S. 41–64.
Ludwig Wolff, Untersuchungen über Otfrids Reimkunst. ZfdA 60, 1923, S. 265–283. Wieder in: Kl. Schr. 1967, S. 93–108.
Jellinek 1924.
Franz Saran, Otfrieds Zuschrift an Liutpert übersetzt und erklärt. Festgabe der Phil. Fakultät zur 55. Versammlung deutscher Philologen, Erlangen 1925, S. 52–58.
Georg Baesecke, St. Emmeramer Studien. Beitr. 46, 1922, S. 431–494. Wieder in: Kl. Schr. 1966, S. 38–85.
Paul Hörmann, Untersuchungen zur Verslehre Otfrieds. Diss. Freiburg. LwJb. 9, 1939, S. 1–106.
Francis P. Magoun, Otfrid's »Ad Liutbertum«. PMLA 58, 1943, S. 869–890.
Henning Brinkmann, Verwandlung und Dauer. Otfrids Endreimdichtung und ihr geschichtlicher Zusammenhang. WiWo. 2, 1951/52, S. 1–15. Wieder in: Wirkendes Wort. Sammelband II: Ältere deutsche Sprache und Literatur. 1962, S. 92–106.
Siegfried Gutenbrunner, Otfrids »regula« und »ziti«. Archiv 192, 1956, S. 159-162.
Heusler 1956, pass.
Friedrich Neumann, Otfrids Auffassung vom Versbau. Beitr. 79, Sonderband Halle 1957, S. 249–306. Wieder in: Kl. Schr. 1969, S. 1–41.
Henning Brinkmann, Der Reim im frühen Mittelalter. In: Festschr. H. M. Flasdieck 1960, S. 62–81. Wieder in: Studien zur deutschen Sprache und Literatur. Bd. II: Literatur. 1966, S. 58–78.
Peter von Polenz, Otfrids Wortspiel mit Versbegriffen als literarisches Bekenntnis. Festschr. L. Wolff 1962, S. 121–134.
Werner Engel, Die dichtungstheoretischen Bezeichnungen im »Liber evangeliorum« Otfrids von Weißenburg. Diss. Frankfurt/M. 1967.
Siegfried Gutenbrunner, Otfrid über Poesie und Prosa. ZfdA 96, 1967, S. 69–73.
Werner Hoffmann, Altdeutsche Metrik. 1967 (= Sammlung Metzler 64), S. 27–45.
Günther Schweikle, Die Herkunft des althochdeutschen Reimes. Zu Ot-

frieds von Weißenburg formgeschichtlicher Stellung. ZfdA 96, 1967, S. 165-212. - Dazu: *von See* 1967, S. 78-80.
Gasser 1970.
Kleiber 1971, S. 163 ff.
Roswitha Wisniewski, Significatio des Verses. Otfrids Deutung metrisch geformter Sprache. Festschr. H. Eggers 1972 (= Beitr. 94, Sonderheft), S. 694-702.

2.215 Inhalt und dichterische Leistung. Otfrids »Evangelienbuch« umfaßt nach seiner eigenen Auskunft im Schreiben an Liutbert die Geschichte Christi von der Geburt bis zur Taufe durch Johannes den Täufer (Buch I), die Berufung der Jünger und die Lehren und Wundertaten Christi (Buch II und III), die Leidensgeschichte (Buch IV), Auferstehung und Himmelfahrt mit einem Ausblick auf das Jüngste Gericht (Buch V). Obwohl das »Evangelienbuch« die umfangreichste Dichtung der Karolingerzeit überhaupt ist, mußte doch auch Otfrid wie der Helianddichter eine Auswahl aus den apostolischen Büchern treffen. Er spricht davon im Schreiben an Liutbert:

›Ich habe also in den umrahmenden Teilen dieses Buchs, zwischen den vier Evangelien vermittelnd und ausgleichend, aufgeschrieben, was dieser oder was jener und die übrigen aufgezeichnet haben; zusammengenommen habe ich nach Möglichkeit in der gegebnen Reihenfolge und ziemlich vollständig erzählt. In der Mitte aber habe ich dennoch vieles ausgelassen von den Gleichnissen und Wundertaten Christi und seiner Lehre ...‹ (»Scripsi itaque in primis et in ultimis hujus libri partibus inter quatuor evangelistas incedens medius, ut modo quid iste quidve alius caeterique scriberent, inter illos ordinatim, prout potui, penitus pene dictavi. In medio vero ... multa et parabularum Christi et miraculorum ejusque doctrinae ... pretermisi ...«).

Solche Hinweise wiederholen sich im Text des »Evangelienbuchs« I,1,113 und V,25,10 *(evangeliono deil)*, III,1,6 *(nist man ther siu al irzelle)* und IV,1,23 *(ni scrib ih thaz hiar allaz)*. Otfrid folgt nicht wie der Helianddichter dem »Diatessaron«. Ob er sich bei der Auswahl an das kirchliche Perikopensystem anlehnte und selbst so etwas wie ein Lektionar dichtete, oder ob er durchaus selbständig verfuhr, wie seine zitierten Bemerkungen im Schreiben an Liutbert zu glauben nahelegen (cf. auch ebendort über die Auswahl der Lehren und Wunder im Mittelteil: »non jam ordinatim, ut caeperam, procuravi dictare, sed qualiter meae parvae occurrerent memoriae« und I,1,7 f. »Ni scribu ih nu in alawar so sih ther ordo dregit thar,/ suntar so thie dati mir quement in githahti«), ist umstritten. Auffällig aber ist die Bevorzugung des Johannesevangeliums.

Das »Evangelienbuch« ist jedoch nicht charakterisiert durch solch kürzende Bearbeitung, sondern vielmehr durch breite, Wiederholungen und rhetorische Variationen nicht scheuende Paraphrase des biblischen Wortlauts. Die hier produktiv gewendete Methode der Schriftmeditation (*ruminatio,* ›Wiederkäuen‹ ist eine monastische Metapher für solch demütige Wortfrömmigkeit) legitimiert dieses Verfahren ebenso, wie es die Technik der Paraphrase als einer rhetorischen Übung erfordert. Im Unterschied zum Helianddichter beschränkt sich Otfrid aber nicht auf die *historia* des evangelischen Berichts, sondern glossiert und kommentiert unter reichlicher Verwendung exegetischer Traditionen den paraphrasierten Bibeltext, dessen lateinischen Wortlaut er als kurze Marginalzitate am jeweiligen Ort anführt. Die theologischen Zusätze bedienen sich der seit Origines geübten Praxis der Schriftauslegung nach dem vierfachen Sinn (Otfrid im Liutbertschreiben: *interdum spiritalia moraliaque verba permiscens*). Die eingeschalteten exegetischen Kapitel (und Kapitelteile) tragen die entsprechenden Überschriften *mystice, moraliter, spiritaliter,* je nach der angesprochenen Sinnebene der *historia* als *allegoria, tropologia* oder *anagoge,* also Ebene der göttlichen Heilsgeschichte, des menschlichen Heilsweges oder der eschatologischen Verheißung. Nicht immer ist diese Scheidung im Einklang von Überschrift und nachfolgendem exegetischen Text einsichtig. Eine eingehende Untersuchung dieser Problematik steht noch aus.

Zur Ausweitung im rhetorisch-poetisch-musikalischen Sinn gehören die durch Kehrverse herausgehobenen ›lyrischen‹ Kapitel (besonders II, 1; V, 1; V, 19 und V, 23), gehören im rhetorisch-buchmäßigen Sinn die Prologe und Epiloge zu den einzelnen Teilen. Das fünfte Buch ist besonders ausgezeichnet durch – im Vergleich mit dem zugrundegelegten Evangelientext – inhaltliche, exegetische und rhetorisch-ornamentierende Zusätze. Es wird eingeleitet durch drei Kreuzgedichte und abgeschlossen durch fünf Kapitel über die Schrecken des Jüngsten Gerichts und die Seligkeit des ewigen Lebens und zwei persönlich gehaltene Abschnitte, ein Gebet und die *conclusio voluminis totius,* in der Otfrid noch einmal das geistliche Wagnis seines poetischen Unternehmens reflektiert.

Die Bucheinteilung ist sichtbares und inhaltlich begründetes Prinzip der Großgliederung. Im Brief an Liutbert erklärt Otfrid die symbolische Bedeutung der Fünfzahl in Konfrontation der *nostrorum quinque sensuum inaequalitas* mit der *quadrata aequalitas sancta* der vier Evangelien: Was wir durch unsere fünf Sinne sündigen, können wir durch Schriftlesung und geistlichen Gehorsam büßen. Solche Zahlensymbolik scheint den Interpreten recht zu geben, die das gesamte »Evangelienbuch« mit Hilfe symbolisch verstehbarer Proportionen zu entschlüsseln suchen. Es ist in der Tat nicht zu übersehen, daß bestimmte Verhältniszahlen im Umfang der einzelnen Kapitel immer wiederkehren. Die authentische Überlieferung macht solche Feststellungen zudem um vieles weniger angreifbar als im Falle des »Heliand« und seiner ungesicherten Handschriftenlage. Rathofers Heliandbuch hat auch hier anregend gewirkt (auch wenn einschlägige Interpretationsansätze schon sehr viel älter sind). Unmittelbare Nachfolge hat er in der breit angelegten Analyse des »Evangelienbuchs« durch Wolfgang Haubrichs gefunden, dessen hochkomplizierte Gedankengänge hier nicht in wenige Worte komprimiert werden können. Einen etwas anderen Weg (bei gleicher Zielrichtung) hat Wolfgang Kleiber eingeschlagen. Auch ihm geht es um die Entschlüsselung des formalen Aufbaus, gewonnen jedoch aus den Indizien des paläographischen Befunds. »Ausgangspunkt [...] bilden die von allen Herausgebern bisher völlig übersehenen Strophengruppeninitialen in VP [...], die den äußern Aufbau der Kapitel auszeichnen« (Kleiber 1971, S. 175). Von hier aus gelangt Kleiber zu den Fragen nach Symmetrie und Proportion der Strophengruppen, der Kapitel, der Kapitelfolge, der von Otfrid benannten aber nicht genau bezeichneten ›Mitte‹ des »Evangelienbuchs«. Reimentsprechungen werden ebenso in die Überlegungen einbezogen wie etwa Entsprechungen zwischen der zahlenmäßigen Struktur der heilsgeschichtlichen Zeitabfolge mit der zahlenmäßigen Struktur der Paraphrase oder die Wortzahlenverhältnisse im Vergleich des Vulgatatexts mit dem Wortlaut der Marginalien und der deutschen Paraphrase. In der Deutung so gefundener Proportionen und Verhältniszahlen legt sich Kleiber freilich »große Zurückhaltung« auf; denn es sei »oft schwer zu entscheiden, welcher Zahl symbolische oder nur ästhetische Relevanz zukommt« (l. c. S. 178). Man kann daran zweifeln, ob solche Unterscheidung – Ästhetik/Symbolik – eine geistesgeschichtlich begründbare Alternative darstellt, wenn den numerischen Ergebnissen der Analyse mehr als nur Zufallsbedeutung zukommt. Dem modernen Verständnis auch des historischen Dichtungsverhältnisses erscheinen nicht wenige Nachweise von Verhältniszahlen und ihre symbolische Interpretation als Überforderung der geistlichen Gelehrsamkeit und des poetischen Raffinements der mittelalterlichen Autoren.

Literatur:
Zu Stil und paraphrastischem Verfahren:
Paul Schütze, Beiträge zur Poetik Otfrieds. 1887.
Albert Hass, Das Stereotype in den altdeutschen Predigten. Mit einem Anhang: Das Predigtmässige in Otfrids Evangelienbuch. Diss. Greifswald 1903.

C. Pfeiffer, Otfrid, der Dichter der Evangelienharmonie im Gewande seiner Zeit. Eine literar- und kulturhistorische Studie. 1905.
W. Schnatmeyer, Otfrids und seines Evangelienbuches persönliche Eigenart. Diss. Greifswald 1908.
Ludwig Goergens, Beiträge zur Poetik Otfrids. Insbesondere die formelhaften Redewendungen und Reimwörter. Diss. Straßburg 1909. 1910.
Parke Rexford Kolbe, Die Variation bei Otfrid. Diss. Heidelberg. 1910 und Beitr. 38, 1913, S. 1–66.
Arno Schirokauer, Otfrid von Weißenburg. DtVjs. 4, 1926, S. 74–96. Wieder in: A. S., Germanistische Studien. 1957, S. 120–147.
Richard Fromme, Otfrids Evangelienbuch als Spiegel deutschen Seelenlebens. ZfD 43, 1929, S. 192–197.
ders., Der Dichter Otfrid von Weißenburg, ZKG 52, 1933, S. 165–198.
Donald A. McKenzie, Otfridiana. Otfrid's Treatment of Rhetorical Questions in the Vulgate. JEGP 44, 1945, S. 286–288.
ders., Otfrid von Weissenburg: Narrator or Commentator? A Comparative Study. 1946 (= Stanford Univ. Publ. Language and Literature VI, 3).
ders., Otfridiana. Some Comments on Otfrid's Style. MLQ 9, 1948, S. 131–134.
ders., Otfridiana: Some Queries and Comments re. Marginalia. PQ 27, 1948, S. 281–284.
H. Swinburne, An Illustration of Otfrid's Narrative Skill. MLR 61, 1966, S. 434 f.
Klaus Schulz, Art und Herkunft des variierenden Stils in Otfrids Evangeliendichtung. 1968 (= Medium aevum 15).
Xenia von Ertzdorff, Die Hochzeit von Kana. Zur Bibelauslegung Otfrids von Weißenburg. Beitr. 86, Tüb. 1964, S. 62–82.
Wolfgang Haubrichs, Otfrids Verkündigungsszene. ZfdA 97, 1968, S. 176–189.

Zu Auswahl Otfrids und ›Mitte‹ des »Evangelienbuchs«:
Hilda Swinburne, The Selection of Narrative Passages in Otfrid's Evangelienbuch. MLR 53, 1958, S. 92–97.
Gert Hummel, Die Relevanz von Textauswahl und Aufbau für die Theologie im »Evangelienbuch« Otfrieds von Weißenburg. Diss. masch. Tüb. 1961.
Hans Georg Richert, Parva Otfridi memoria. ZfdA 94, 1965, S. 21–35.
Dieter Goebel, Zu Otfrids »parva memoria«. ZfdA 96, 1967, S. 260–263.

Zu Refrain, Strophik und Zahlensymbolik:
Oskar Erdmann, Bemerkungen zu Otfrid. ZfdPh. 1, 1869, S. 439–442.
Wilhelm Wiget, Zu den Widmungen Otfrids. Beitr. 49, 1925, S. 441–444.
Hans Eggers, Symmetrie und Proportion epischen Erzählens. Studien zur Kunstform Hartmanns von Aue. 1956.
Hilda Swinburne, Numbers in Otfrid's ›Evangelienbuch‹. MLR 52, 1957, S. 195–202.
Johannes Rathofer, Zum Bauplan von Otfrieds Evangelienbuch. ZfdA 94, 1965, S. 36–39.
Heinz Rupp, Otfrid und die Zahlen. Archiv 201, 1965, S. 262–265.

Petrus W. Tax, Bilaterale Symmetrie bei Otfrid. MLN 80, 1966, S. 490 f.
Günter Gürich, Otfrieds Evangelienbuch als Kreuzfigur. ZfdA 95, 1966, S. 267-270.
Wolfgang Haubrichs, Ordo als Form. Strukturstudien zur Zahlenkomposition bei Otfrid von Weißenburg und in karolingischer Literatur. 1969 (= Hermaea 27).
Heinz Klingenberg, Zum Grundriß der ahd. Evangeliendichtung Otfrids. Zahl und Figur, Quadrat und Gnomon. ZfdA 99, 1970, S. 35-45. - Numerus quadratus CXLIII. ZfdA 101, 1972, S. 229-243.
Kleiber 1971, S. 163 ff.

2.216 Quellen und Theologie. Otfrid ist ein Gelehrter, sein deutsches Gedicht enthält eine Fülle exegetischen Materials, das immer wieder die Frage nach seinen Quellen hat laut werden lassen. Hier kommen insbesondere wieder die großen Evangelienkommentare von Beda, Hraban und Alkuin in Betracht. Die Quellennachweise führen aber auch zu so disparaten Fundorten, daß die Vermutung nicht verstummen will, Otfrid könne eine Hauptquelle benutzt haben, die als Kompilation schon all das Material geboten hätte, das wir bei ihm wiederfinden. Man hat an die »Glossa ordinaria« gedacht, an eine sogenannte »Homiliensammlung des Paulus Diaconus«, an die Predigten des Haimo von Halberstadt oder - neuerdings - an die ehemals Weißenburger Handschrift der vier Evangelien mit Kommentar (Cod. Guelf. 26 Weiss.). Bewiesen ist keine dieser Hypothesen. Unsicher sind auch die Nachweise von apokryphen Erzählinhalten im »Evangelienbuch«.

Auch die Möglichkeit, Otfrid könne sich im Wortlaut seines deutschen Bibelgedichts von den spätantiken lateinischen Bibelepen haben anregen lassen, wie die ältere Forschung im Anschluß an die Zitation von Juvencus, Arator und Prudentius im Schreiben an Liutbert hat nachweisen wollen, ist nicht bestätigt worden. Wohl aber ist Otfrids Kenntnis dieser Gedichte mit Sicherheit anzunehmen und sein eigenes Werk nicht ohne das approbierte Muster hexametrischer Bibelparaphrase zu verstehen.

Interessanter ist die These, Otfrid habe nicht nur den »Heliand« gekannt, sondern sich im Grundsätzlichen der Form (›christlicher Endreim‹ gegen ›germanischen Stabreim‹) und im Detail des Inhalts (Christusbild etc.) »möglichst von ihm distanziert« (Foerste 1950/ 73, S. 130). Auch hier gilt die Schwierigkeit, Abhängigkeiten nachzuweisen im Falle so konventioneller, durch Tradition in Inhalt, Wortlaut und Interpretation festgelegter Texte, wie es die Bibelgedichte sind. Wiederum aber ist es nicht unwahrscheinlich, daß Otfrid nicht nur Kenntnis von der Existenz des »Heliand« hatte, sondern sogar mit seinem Wortlaut vertraut war - zumal dann, wenn die Entstehung des »Heliand« zu Recht mit Fulda und Hrabanus Maurus in Verbindung gebracht wird. Dann freilich gewinnen die Nachweise bewußter Abweichungen Otfrids vom »Heliand« an Überzeugungskraft und der Schluß auf »Otfrids kritische Einstellung zum Werk des sächsischen Dichters« (l. c. S. 128) liegt nahe.

Literatur:
Theologische Quellen:
Anton E. Schönbach, Otfridstudien I–IV. ZfdA 38, 1894, S. 209–217; 336–361. 39, 1895, S. 57–124; 369–423. 40, 1896, S. 103–123.
ders., Hat Otfrid ein Lectionar verfaßt? ZfdA 42, 1898, S. 120f.
A. L. Plumhoff, Beiträge zu den Quellen Otfrids. ZfdPh. 31, 1899, S. 464–496. 32, 1900, S. 12–35.
Friedrich Wilhelm, Zu Otfrids Quellen. ZfdA 53, 1912, S. 81–83.
Pickering 1954/55.
Rudolf Schmidt, Neue Quellen zu Otfrids Evangelienbuch. ZfdA 96, 1967, S. 81–96. – Dazu *Kleiber* 1971, S. 166–168.
Achim Masser, Bibel, Apokryphen und Legenden. Geburt und Kindheit Jesu in der religiösen Epik des Mittelalters. 1969, S. 121 ff. und 270 ff.

Otfrid und die lateinische Bibeldichtung:
Waldemar Olsen, Arator und Prudentius als Vorbilder Otfrids ZfdA 29, 1885, S. 342–347.
C(arl) Marold, Zu Otfrid. Germ. 31, 1886, S. 119f.
ders., Otfrids Beziehungen zu den biblischen Dichtungen des Juvencus, Sedulius, Arator. Germ. 32, 1887, S. 385–411.
Waldemar Olsen, Vierzeilige Gliederungen in Otfrids Evangelienbuch. ZfdA 31, 1887, S. 208–215.
Heinz Rupp, Otfrid von Weißenburg und die spätantike Bibeldichtung. WiWo. 7, 1956/57, S. 334–343. Wieder in: Wirkendes Wort. Sammelband II: Ältere deutsche Sprache und Literatur. 1963, S. 138–147.

Otfrid und der »Heliand«:
Colmar Grünhagen, Otfried und Heliand, eine historische Parallele. Progr. Breslau 1855.
Edward Schröder, Otfrid und der Dichter des Heliand. FuF 7, 1931, S. 395–397.
Göhler 1934.
Fritz Bechert, Ueber die Entfernung vom Heliand zu Otfrids Evangelienbuch. Diss. masch. Tübingen 1947.
William Foerste, Otfrids literarisches Verhältnis zum Heliand. NdJb. 71/73, 1948/50, S. 40–67. Wieder 1973 (= WdF 321), S. 93–131.
Willy Krogmann, Otfried und der Heliand. NdJb. 82, 1959, S. 39–55.

Otfrids Theologie:
Göhler 1934.
Heinz Rupp, Leid und Sünde im Heliand und in Otfrids Evangelienbuch. II. Otfrids Evangelienbuch. Beitr. 79, 1957, S. 336–379.

Haubrichs 1968 und 1969, pass.
Friedrich Ohly, Geistige Süße bei Otfried. Festschr. M. Wehrli 1970, S. 95–124.
Kleiber 1971, pass.
Ulrich Ernst, Die Magiergeschenke in Otfrids »Liber Evangeliorum«. Artifizielle Strukturen und pneumatischer Gehalt. AION 15, 2, 1972, S. 81–138.
Margot Schmidt, Otfrid I 5, 56 »giduat er imo frémidi thaz hoha himilrichi«. Zu Otfrids Verkündigungsszene. Beitr. 94, Tüb. 1972, S. 26–51.
Ulrich Ernst, Poesie als Kerygma. Christi Geburt im »Evangelienbuch« Otfrids von Weißenburg. Beitr. 95, 1973, S. 126–162.
Reinhildis Hartmann, Zur Anlage eines allegorischen Otfried-Wörterbuchs. ZfdA 103, 1974, S. 20–36.

2.217 Funktion und Zeitgeschichte. Otfrids Angaben im Schreiben an Liutbert, es hätten ihn einige würdige Klosterbrüder und eine *veneranda matrona* mit Namen Judith zu seinem Werk ermuntert, hat zu mancherlei Spekulationen, aber keiner verbindlichen historischen Festlegung dieser ›Auftraggeber‹ geführt. Die Berufung auf den oder die Auftraggeber ist topisch. Topos ist auch die Konfrontation heidnischer und christlicher (weltlicher und geistlicher) Dichtung seit der christlichen Spätantike. Trotzdem hat die Begründung für den Wunsch nach einem frommen Gedicht, das gegen die weltlichen Gesänge *(laicorum cantus obscenus)* zu stellen wäre, auch einen historisch konkreten Sinn. Im Dilemma zwischen weltlichen Traditionen und geistlichem Anspruch sahen sich nicht nur Otfrid und seine klösterlichen Zeitgenossen; noch Jahrhunderte später hören wir Klagen über das allzu ausgeprägte Interesse geistlicher Personen an weltlicher Dichtung. Das hängt nicht zuletzt mit der Verquickung von Adel und Kirche im Feudalismus zusammen, mit dem Bildungsstand der Kleriker, der im 9. Jh. trotz der karlischen Reformbestrebungen oft genug zu wünschen ließ. Otfrids Hinweise in der Widmung an Ludwig (v. 87 *Themo dihton ih thiz buah*), im Schreiben an Liutbert (»ut qui in illis alienae linguae difficultatem horrescit, hic propria lingua cognoscat sanctissima verba«) und im Kapitel I, 1, 119 ff. (»Ist ther in iro lante   iz alleswio nintstante,/ in ander gizungi   firneman iz ni kunni:/ Hiar hor er io zi guate,   waz got imo gibiete,/ thaz wir imo hiar gisungun   in frenkisga zungun«) lassen sich trotz ihrer Verallgemeinerung auf ›jedermann‹ sicher auch so verstehen.

Die Frage aber bleibt, ob Otfrids »Evangelienbuch« ausschließlich für den klösterlichen Gebrauch bestimmt war oder darüber hinaus sich auch an ein laikales Publikum wandte (so zuletzt entschieden de Boor 1971, S. 81)? Die Widmung an Ludwig den Deutschen scheint für solche Zielrichtung zu sprechen. Aber solche Widmungen sind ebenso traditionell (cf. die spätantike Bibelepik) wie den Zeitgenossen geläufig (Hrabanus Maurus). Hinzu kommt, daß die Stellung der Abtei Weißenburg als Reichskloster und die vielfach bezeugten Bindungen zur karolingischen Dynastie die Widmung eines der poetischen Großwerke des 9. Jh.s an den Herrscher nahelegten.

Aufschlußreicher sind die inneren Indizien wie Anlage (Marginalien) und paraphrastische Durchführung (Kommentare *ad litteram*), die den didaktisch-exegetischen Impetus Otfrids so deutlich heraustreten lassen, daß an ein nichtgeistliches, leseunfähiges Publikum nicht eigentlich gedacht werden kann. Auch die Form der Reproduktion (rezitatorischer Vortrag im Lektionston? strophischer Gesang?) und die entsprechende Rezeption (hören? lesen?) gibt Auskunft über den pragmatischen Kontext volkssprachiger Bibeldichtung. Die Akzente in V hat man seit den Untersuchungen von Ewald Jammers überwiegend als Vortragsbezeichnungen für einen gehobenen Rezitationston zu verstehen gelernt; die Neumierung zweier Verse in P (I, 5, 3 f.) spricht für (wenigstens gelegentlichen) gesangsmäßigen Vortrag einzelner Partien. Damit stimmt Otfrids Formulierung *huius cantus lectionis* im Brief an Liutbert überein, die man mit »gesangsweise Lesung« (Petzsch 1962, S. 400) oder »gesangsmäßige Rezitation« (Jammers 1957, S. 34) übersetzt. Da allem Anschein nach aber auch die individuelle Lektüre zumindest nicht ausgeschlossen werden kann, ist auch hier vornehmlich an die Funktion des »Evangelienbuchs« als Mönchs- und Klosterdichtung zu denken, in deren Kontext fast ausschließlich die bis ins 12. Jh. überlieferten deutschsprachigen Texte stehen (cf. Meissburger 1970).

Literatur:
Ertzdorff 1964.
A. *Schäfer*, Die Abtei Weißenburg und das karolingische Königtum. ZGORh. 114, 1966, S. 1–53.
Meissburger 1970.
Haubrichs 1970 und 1973.

Zur Vortragsweise und Rezeption:
Franz *Saran*, Über Vortragsweise und Zweck des Evangelienbuches Otfrids von Weissenburg. 1896. – Dazu: *Roediger* DL 18, 1897, Sp. 1816 f.
Rudolf *Stephan*, Über sangbare Dichtung in althochdeutscher Zeit. Kongreßbericht. Gesellschaft für Musikforschung. 1956, S. 225–229.
Ewald Jammers, Das mittelalterliche deutsche Epos und die Musik. Heidelberger Jb. 1, 1957, S. 31–90. Wieder in: E. J., Schrift – Ordnung – Gestalt. Gesammelte Aufsätze zur älteren Musikgeschichte. 1969, S. 105–171. –

Dazu: *Karl Heinrich Bertau* und *Rudolf Stephan* AfdA 71, 1958/59, S. 57-74.
Karl H. Bertau und *Rudolf Stephan*, Zum sanglichen Vortrag mhd. strophischer Epen. ZfdA 87, 1956/57, S. 253-270.
Ewald Jammers, Der musikalische Vortrag des altdeutschen Epos. DU 11, 2, 1959, S. 98-116.
Christoph Petzsch, Otfrids »cantus lectionis«. Euph. 56, 1962, S. 397-401.
Karl Bertau, Epenrezitation im deutschen Mittelalter. Etgerm. 20, 1965, S. 1-17.
Kleiber 1971, S. 234-250.

2.22 «Christus und die Samariterin»

2.221 Überlieferung. Das Gedicht über »Christus und die Samariterin« wurde im 10. Jh. auf eine zum größeren Teil leer gebliebene Seite (Blatt 5^r) der »Lorscher Annalen« (Cod. 515 der Österreichischen Nationalbibliothek in Wien) eingetragen, der ausgelassene Vers 5 steht auf dem unteren Rand von Blatt 4^v. Es folgen drei lateinische Responsorien und die sog. »Lateinische Musterpredigt«. Die Verse sind nicht abgesetzt und nur ganz unregelmäßig durch Reimpunkte geschieden. Der Schluß fehlt.

Literatur:
Editionen:
MSD Nr. X. – Steinmeyer Nr. XVII. – Ahd. Lb. Nr. XXXIV.

Faksimile:
Fischer 1966, Tafel 21.

Übersetzung:
Schlosser 1970, S. 121-123.

2.222 Schriftdialekt. Der Dialekt ist alemannisch mit fränkischem Einschlag, eine Mischung, die den Schreibgewohnheiten des Reichenauer Skriptoriums entsprechen. Die Provenienz der Aufzeichnung von der Reichenau ist damit zumindest möglich.

Literatur:
Hermann Pongs, Das Hildebrandslied, Ueberlieferung und Lautstand im Rahmen der ahd. Literatur. Diss. Marburg 1913, S. 165-171.
Albert Leitzmann, Zu den kleineren ahd. denkmälern. 2. Die heimatfrage der Samariterin. Beitr. 39, 1914, S. 554-558.
Th. Längin, Altalemmannische Sprachquellen aus der Reichenau. In: *K. Beyerle* (ed.), Die Kultur der Abtei Reichenau. 1925, S. 684-699. Hier S. 694.

Georg Baesecke, Das althochdeutsche Schrifttum von Reichenau. Beitr. 51, 1927, S. 206–222.
Friedrich Maurer, Zur Frage nach der Heimat des Gedichts von Christus und der Samariterin. ZfdPh. 54, 1929, S. 175–179.
Ehrismann 1932, S. 207f.

2.223 Datierung. Für die Datierung können nur sprachhistorische und paläographische Indizien angeführt werden, die für das »mittlere 10. Jahrhundert« (Fischer 1966, S. 23*) sprechen. Wann das Gedicht selbst entstand – »erst aus dem Ende des 9. oder viel wahrscheinlicher aus der ersten Hälfte des 10. Jahrhunderts« (Ehrismann I, S. 207) –, bleibt der Spekulation zu beantworten. (Die in jüngster Zeit aufgestellte These, das Gedicht sei *vor* Otfrids »Evangelienbuch« entstanden, hat wenig Wahrscheinlichkeit für sich).

Literatur:
s. die oben genannten Titel und die Handbücher.
Raffaela de Pezzo, Cristo e la Samaritana. AION 14, 1971, S. 105–116. Deutsche Zusammenfassung S. 608.

2.224 Form. Die Langzeilen sind durch Initialen in zwei- und dreizeilige Strophen angeordnet (ungleichstrophische Gliederung). Die Vortragsform ist allein von dem vorliegenden Text her nicht zu bestimmen, sondern nur im Zusammenhang mit dem zu Otfrid Gesagten zu erschließen.

Literatur:
s. die zu Otfrid 2.214 aufgeführten Titel.
Friedrich Maurer, Die religiösen Dichtungen des 11. und 12. Jahrhunderts. Nach ihren Formen besprochen und herausgegeben. Bd. I. 1964, S. 13f.
P. R. Kolbe, Variation in the Old High German Post-Otfridian Poems. I. Christus und die Samariterin. MLN 28, 1913, S. 216f.

2.225 Inhalt und dichterische Leistung. Der Inhalt entspricht mit nur geringfügigen Abweichungen dem Wortlaut von Joh. 4, 6–20, der auch dem Kapitel II, 14 des »Evangelienbuchs« zugrundeliegt. Der Vergleich mit Otfrids Paraphrase ist höchst instruktiv und gestattet, die unterschiedlichen Möglichkeiten und Intentionen poetischer Bibelparaphrase auch in der Volkssprache zu illustrieren. Wo Otfrid mit allen Mitteln der amplifizierenden Wiedergabe (Intervention des Autors, Schriftberufung, Varition, motivierende und theologische Interpretation) arbeitet, da beschränkt sich der anonyme Verfasser von »Christus und die Samariterin« auf die möglichst wörtliche Umschreibung des Bibeltextes. Bemerkenswert ist der dialogische Charakter (die Redeeinführungen der Vulgata sind weggelassen). Dadurch erhält das Gedicht den vielzitierten »Balladenstil« (Heusler), ohne daß man freilich genötigt ist, zur Erklärung auf das unsichere Vorbild des »germanischen epischen Stils« (Ehrismann 1932, S. 209) zurückzugreifen. Auch die lateinische Rhythmendichtung kennt dergleichen ›balladeske‹ Lieder. Die Zusätze wie besonders der Eingang *Lesen uuir* (v. 1) und die Beteuerung *uuizzun thaz* (v. 2) werden als Merkmale der kirchlich-homiletischen Haltung des Verfassers qualifiziert.

Literatur:
Andreas Heusler, Der Dialog in der altgermanischen erzählenden Dichtung. ZfdA 46, 1902, S. 189–284. Hier S. 246 ff.
Werner Schwartzkopf, Rede und Redeszene in der deutschen Erzählung bis Wolfram von Eschenbach. 1908 (= Palaestra 74), S. 87 ff. und 117.
Ehrismann 1932, S. 209 f.

2.226 Funktion. Die Wahl gerade von Joh. 4, 6 ff. als Vorwurf gesonderter poetischer Behandlung ist verständlich aus dem symbolischen Gehalt, dem »Preis des *quecbrunno*, des lebendigen Wassers der christlichen Lehre, die das ewige Leben sichert« (Maurer in: Verf. Lex. 1, 1933, Sp. 380). Dagegen hatte Konrad Burdach eine »bildliche Darstellung als Vorlage« (1925, S. 81) angenommen: »Man kann das althochdeutsche Gedicht herleiten aus der in der Karolingerzeit oft bezeugten, aus frühchristlicher und antiker Zeit ererbten Sitte, Bilder, sei es in Handschriften, sei es in Wandmalereien, mit Versen zu begleiten, die ihren Inhalt deuten und umschreiben, oder für die Ausführung geplanter Bilder vorher ein Programm in Gedichten zu entwerfen. Wir kennen viele Gemäldezyklen der Karolingischen Zeit nur aus solchen Bildgedichten oder *Tituli*« (l. c. S. 82). Freilich fehlen uns Zeugnisse gerade für die Existenz *volkssprachiger* Tituli, was ganz gewiß mit dem spezifischen Verhältnis von Mündlichkeit und Schriftlichkeit in altdeutscher Zeit zusammenhängt und Burdachs These nicht sehr wahrscheinlich macht.

Literatur:
Konrad Burdach, Nachleben des griechisch-römischen Altertums in der mittelalterlichen Dichtung und Kunst und deren wechselseitige Beziehungen. In: K. B., Vorspiel. Gesammelte Schriften zur Geschichte des deutschen Geistes. Erster Band, 1. Teil: Mittelalter. 1925, S. 49–100.

2.23 »Psalm 138«

2.231 Überlieferung. Auf einem nachgehefteten Blatt (fol. 69) im Cod. 1609 der Österreichischen Nationalbibliothek in Wien, der in der Hauptsache das Formelbuch des Bischofs Salomo III. von Konstanz enthält, ist in strophischer aber nicht durchgehend versmäßiger Absetzung die deutsche Paraphrase des 138. Psalms eingetragen. Da die Reihenfolge der deutschen Strophen in teilweise nicht recht verständlichem Maße von der lateinischen Vorlage abweicht, hat man vielfach die (angeblichen) Verwerfungen durch Neuordnung heilen wollen. Angezweifelt wurde gelegentlich auch die Berechtigung der Verswiederholungen (vv. 15/35, 17/18 und 32/33).

Literatur:
Editionen:
MSD Nr. XIII. – *Steinmeyer* Nr. XXII. – Ahd. Lb. Nr. XXXVIII.
Willy Krogmann, Der althochdeutsche 138. Psalm. Forschungsgeschichtlicher Überblick und Urfassung. 1973 (= Deutsches Bibelarchiv. Abhandlungen und Vorträge 5).

Faksimile:
Fischer 1966, Tafel 23.
Hermann Menhardt, Zur Überlieferung des althochdeutschen 138. Psalms. ZfdA 77, 1940, S. 76–84.

Übersetzung:
Schlosser 1970, S. 43.

2.232 Schriftdialekt. Die Mundart ist rein bairisch, eine weitere lokale Eingrenzung aufgrund des dialektgeographischen Befunds ist jedoch nicht möglich. Durch paläographische, sprachliche und überlieferungstechnische Indizien hat Menhardt die Provenienz aus einem Freisinger Skriptorium sichern wollen; seine Beweisführung ist jedoch nicht unwidersprochen geblieben (cf. B. Bischoff bei Fischer 1966, S. 25 und Krogmann 1973, S. 21).

Literatur:
Pongs 1913, S. 154–158.
Baesecke 1922/66, pass.
Menhardt 1940.
Krogmann 1973, S. 20–27.

2.233 Datierung. Hermann Menhardt stellte den »Psalm 138« in unmittelbare Nähe zum Freisinger Otfrid (F). »Der ahd. Psalm 138 ist am Anfang des 10. Jhs. in Freising entstanden und niedergeschrieben. Er gehört mit dem Otfrid F, dem Gebet des Sigihard und dem

Petruslied zu der von Erzbischof Waldo gepflegten Dichtung« (1940, S. 84). Dagegen hat zuletzt Willy Krogmann Einspruch erhoben und, ältere Vermutungen aufgreifend, die Entstehung des Gedichts wie vielleicht auch seine Aufzeichnung in St. Gallen wahrscheinlich zu machen versucht. Letzte Sicherheit kommt keinem der vorgetragenen Schlüsse zu.

Literatur:
Jakob Bächtold, Beiträge zur SGallischen litteraturgeschichte. III. Wer ist der verfasser der gereimten ahd. psalmenübersetzung? ZfdA 31, 1887, S. 197f.
Baesecke 1922/66, S. 43 f.
Menhardt 1940.
Krogmann 1973, S. 17–28.

2.234 Form. Es wechseln zwei- und dreizeilige Strophen, die durch herausgerückte Initialen kenntlich gemacht sind. Auch graphisch ist also die Vorbildlichkeit Otfrids nicht unwahrscheinlich.

Literatur:
Baesecke 1922/66, S. 40f.
Maurer 1964, S. 14f.

2.235 Quelle und Dichterische Leistung. Der Vulgatatext des 138. Psalms (mit Einschluß eines Verses von Psalm 139? cf. vv. 22–24) ist in der deutschen Paraphrase sehr frei wiedergegeben. Das gilt nicht nur für die Reihenfolge der paraphrasierten Verse, für die unter Umständen auch überlieferungstechnische Mängel verantwortlich gemacht werden können, sondern für die Art der Umsetzung insgesamt. Ehrismann hat die Arbeitsweise des Verfassers analysiert, der »bei der Mehrzahl der Verse ein Wort, meistens ein Kennwort, einen Hauptbegriff aus dem lateinischen Satze verdeutscht und als Reimwort verwendet, und zwar gewöhnlich als Reim der ersten Halbzeile [...], wonach sich dann der Reim der zweiten [...] Halbzeile richtete [...]. Die Schlagworte mit den dazu gebildeten Reimen bilden das feste Gerüste, in welches das übrige Wort- bzw. Gedankenmaterial, mehr oder weniger anschließend an den lateinischen Text, jedoch meist ihn erweiternd, eingefügt ist« (Ehrismann 1932, S. 212 f.). Im Vergleich mit der Auffassung des Psalmisten hat man die »raumzeitliche Gestaltung« des deutschen Nachdichters analysiert (F. Willms). Außer der Tendenz zur Anschaulichkeit hat der deutsche Dichter eine Umdeutung vorgenommen, die seine Paraphrase der erzählenden Bibeldichtung annähert: »Der biblische Psalm ist [...] ein echtes Gebet, der ahd. dagegen im Grunde ein Bericht von Davids beispielhafter Bekehrung (O. Ludwig 1962, S. 407).

Literatur:
F. *Seiler,* Psalm 138, 3. ZfdPh. 8, 1877, S. 187–204. Hier S. 200–203.
Pongs 1913, S. 158–165.
Albert Leitzmann, Zu den kleineren ahd. denkmälern. 3. Die quelle des 138. psalms. Beitr. 39, 1914, S. 558–563.
Ehrismann 1932, S. 212–215.
Fr. *Willms,* Psalm 138 und althochdeutscher Stil. DtVjs. 29, 1955, S. 429–446.
Ernst Ochs, Psalm 138. NM 59, 1958, S. 220 f.
Otto Ludwig, Der althochdeutsche und der biblische Psalm 138. Ein Vergleich. Euph. 56, 1962, S. 402–409.
Krogmann 1973, S. 29–38.

3. Zur Rezeption

3.1 Rezeptionsgeschichte

Fragen nach Rezeption und literarischer Nachwirkung der altdeutschen Bibeldichtung lassen sich sinnvoll nur stellen hinsichtlich der beiden mehrfach überlieferten und auch sonst bezeugten Großwerke »Heliand« und »Evangelienbuch«. In der folgenden Übersicht können nur wenige markante Fixpunkte notiert werden.

Für die erste Phase des 9. und 10. Jh.s haben wir als wichtigste Indizien die Überlieferung selbst. Bemerkenswert ist die Wirkung des »Heliand« (und der »Genesis«) auf den angelsächsischen Raum. Stabreimende Bibeldichtung – sei es angelsächsischer oder altsächsischer Provenienz – stand in einem so engen Traditionszusammenhang, daß der unmittelbare Austausch möglich wurde. Für eine mögliche Nachwirkung im hochdeutschen Sprachgebiet haben wir nur das unsichere Zeugnis Otfrids. Mehr und Konkreteres wissen wir über die Wirkungsgeschichte des »Heliand« in diesem Zeitraum nicht. Sprachliche und formalästhetische Gründe haben dazu geführt, daß in den folgenden Jahrhunderten des sogenannten Mittelalters der »Heliand« in Vergessenheit geriet. Erst im 16. Jh. findet er wieder Erwähnung.

Ähnlich liegen die Verhältnisse im Falle Otfrids. Die Überlieferung bleibt zwar auf den hochdeutschen Sprachraum beschränkt und läßt den Schluß auf bloß monastische Verbreitung zu. Merkwürdig allerdings ist die in Handschrift P auf Blatt 90^r eingekratzte Notiz: *Kicila diu scona min filo las* (= ›die schöne [edle] Gisla [?] hat viel in mir gelesen‹). Wer die hohe Leserin war, ist nicht zu erschließen. Das Zeugnis selbst ist auch zu unsicher, als daß daraus auf eine weitere laikale Rezeption des »Evangelienbuchs« geschlossen werden könnte. Auch Otfrids Werk wird in der Folgezeit (wie freilich schon zu seinen Lebzeiten) nicht mehr erwähnt, bis 1495 der gelehrte Abt des Klosters Sponheim bei Kreuznach, Johann Trithemius, Otfrid in seinem »Catalogus illustrium virorum« zum erstenmal (wieder) nennt. Eine andere Frage ist, ob Otfrids formales Vorbild in der frühmittelhochdeutschen Dichtung nachgewirkt hat (vgl. Friedrich Maurers These von der ›binnengereimten Langzeile‹ als Formprinzip von Otfrid bis ins 12. Jh.). Bewiesen ist ein unmittelbar sich auf Otfrid berufende Traditionszusammenhang nicht und auch der mittelbare ist umstritten.

Um und nach 1500 beginnt eine neue Phase der Rezeption im Zuge des humanistisch-vaterländischen Interesses an der eigenen

Vergangenheit wie der reformatorischen Bemühung, die zeitgenössischen volkssprachigen Ansprüche auf die evangelische Wahrheit und den Wortlaut der heiligen Schrift auch von den Zeugnissen der Vergangenheit her zu legitimieren. So kam es zum Abdruck der ›Heliandpraefatio‹ in der zweiten Auflage des »Catalogus testium veritatis, qui ante nostram aetatem pontificum Romanorum primatui variisque Papismi superstitionibus erroribus ac impiis fraudibus reclamaverunt« (Basel 1652) des Flacius Illyricus. Georg Fabricius (1516–71) vermittelte den Codex, dessen Kenntnis man mit guten Gründen auch bei Luther und Melanchthon erschlossen hat. Die ersten Teilabdrucke des zunächst allein bekannten Codex Cottonianus veranstalteten Georg Hickes (1689 und besonders 1705 im »Linguarum veterum septentrionalium thesaurus«). Damit beginnt die wissenschaftliche Beschäftigung mit dem Text. Mehr als nur antiquarisches Interesse erfuhr die spätantike lateinische und frühe volkssprachige Bibelepik mit ihrer Wiederbelebung durch Milton und Klopstock. Klopstock selbst plante eine Übersetzung des »Heliand«, den er allerdings nur in Teilabschriften zu Gesicht bekommen hatte (cf. den Brief vom 31. 6. 1768 an Gleim).

Nach Auffindung des jetzigen Münchener Codex veranstaltete Johann Andreas Schmeller 1830 die erste wissenschaftliche Ausgabe unter dem seither in der Literaturgeschichtsschreibung üblich gewordenen Titel: »*Heliand*. Poema saxonicum seculi noni, accurate expressum ad exemplar Monacense insertis e Cottoniano Londinensi supplementis nec non adiecta lectionum varietate nunc primum edidit«. Von da an riß die wissenschaftliche Beschäftigung mit dem »Heliand« nicht mehr ab, stimulierte sogar die erneute vorwissenschaftliche Rezeption unter dem leitenden Interesse an den germanischen Altertümern, ›Walhallklängen‹, am vorgeblich ›germanischen Christentum‹ des Dichters.

Entsprechend verläuft zunächst auch die Linie der Wiederentdeckung Otfrids. Nach der Erwähnung des Johann Trithemius (1495), die in späteren Schriften Ergänzungen und Wiederholungen erfährt, ist es der Humanist Beatus Rhenanus, der in seinen »Rerum Germanicarum libri tres« (1531) zum Beweis dafür, daß die Franken deutsch gesprochen haben, einige Stellen aus dem ersten Kapitel des »Evangelienbuchs« mitteilt (nach Hs. F). Sebastian Franck zitiert im »Weltbuch« (1534) und im »Germaniae chronicon« (1538) Otfrid zum Zweck der gleichgerichteten Behauptung, daß die Franzosen aus Deutschland kommen. Die erste vollständige Ausgabe veranstaltete Matthias Flacius Illyricus nach der Abschrift, die der Augsburger Arzt Achilles Pirminius Gassar 1560 in der Fuggerschen Bibliothek angefertigt hatte, unter dem Titel: »Otfridi evangeliorum liber: veterum Germanorum grammaticae, poeseos, theologiae, praeclarum monumentum. Euangelien Buch/ in altfrenckischen reimen/ durch Otfriden von Weissenburg, Münch zu S. Gallen/ vor sibenhundert jaren beschriben: Jetzt aber mit gunst deß gestrengē ehrenuesten herrn Adolphen Hermann Riedesel/ Erbmarschalck zu Hessen/ der alten Teutschen spraach und gottsforcht zu erlernē/ in Truck verfertiget« (Basel 1571). Es handelte sich hier um den späteren Heidelberger Codex (P). Es folgten Ausgaben in den Jahren 1631 (Marq. Freher), 1698 (Joh. Schilter), 1726 (Joh. Georg Scherz). Die erste wissenschaftliche Edition erschien 1831: »Krist. Das älteste, von Otfrid im neunten Jahrhundert verfasste hochdeutsche Gedicht, nach den drei gleichzeitigen zu Wien, München und Heidelberg befindlichen Handschriften kritisch herausgegeben von E. G. Graff«. Auch hier gilt es, die daraufhin vermehrte und bis heute nicht abreißende wissenschaftliche Beschäftigung mit Otfrid zu konstatieren. Ein unmittelbar rezeptives Verhältnis, wie man es fragwürdig genug zum »Heliand« glaubte herstellen zu können, gelang zum »Evangelienbuch« nicht. Bezeichnend dafür sind die überwiegend negativen Urteile in den literaturgeschichtlichen Darstellungen des 19. und 20. Jh.s, von Gervinus (»Wer uns glauben machen will, daß in Otfrids Werke wirklich poetischer Werth oder auch nur einzelne poetische Stellen sind, der muß in seinen Ansprüchen auf Dichtkunst zu einer Genügsamkeit gekommen sein, die Niemand wird theilen wollen, der an dem ächten Quelle reiner Kunst geschöpft hat«) bis Wapnewski (»Als Dichter ist er nicht gerade berauscht vom Genius«). So entschieden die wissenschaftlichen Fortschritte der Heliandforschung die altsächsische Evangeliendichtung jedoch der modernen Dichtungserwartung entrückt haben, sowenig wird die jüngste Otfridforschung mit ihren nachdrücklichen Plädoyers für die geistliche Kunstleistung des Dichters das »Evangelienbuch« naiver Rezeptionswilligkeit zuführen können.

Literatur:
Rudolf von Raumer, Geschichte der germanischen Philologie vorzugsweise in Deutschland. 1870.
E. Dümmler/E. Sch[röder], Zum ersten Bekanntwerden Otfrids. ZfdA 44, 1900, S. 316–319.
Hermann Paul, Geschichte der germanischen Philologie. In: Grundriß der germanischen Philologie. Bd. I. Zweite verbesserte und vermehrte Auflage 1901, S. 9–158. Auch separat.
Hermann Menhardt, Zum bekanntwerden des Münchner Heliand. Beitr. 57, 1933, S. 417–421.
Kurt Hannemann, Die Lösung des Rätsels der Heliandpraefatio. FuF 15, 1939, S. 327–329. Wieder 1973 (= WdF 321), S. 1–8. Nachtrag 1972: S.

8–13 (unter dem Titel: »Die Lösung des Rätsels der Herkunft der Heliandpraefatio«).
Elfriede Ulbricht/Gerhard Wolfrum, Ein ahd. Vaterunser aus dem Jahre 1591. Beitr. 92, Halle 1970, S. 325–329.
Hans Butzmann, Otfrid von Weißenburg im 16. und 17. Jahrhundert. In: Festschrift H. Heimpel I, 1971, S. 607–617. Wieder in: Kl. Schr. 1973 (= Studien zur Bibliotheksgeschichte I).
ders. 1972, S. 31–44.

3.2 Forschungsgeschichte. Der Übergang von vorwissenschaftlicher Rezeption zu wissenschaftlicher Erforschung der altdeutschen Bibeldichtung ist schwer zu ziehen (und auch in neuerer Zeit nicht immer leicht zu treffen). Die moderne Forschungsgeschichte im Sinne entwickelter, auf die Literatur der Volkssprache angewandter philologischer Methodologien datiert erst seit dem 19. Jh. Die Masse der seither erschienenen Sekundärliteratur ist nicht mehr zu übersehen. Im Jahre 1936 schätzte Otto Basler die wissenschaftliche Literatur zum »Heliand« auf etwa 900 bibliographische Einheiten und 1965 klagte Hans Rupp über die Fülle der zwischen 1945 und 1962 erschienenen Arbeiten. Die Forschung hat seither nicht geruht, ja gerade einen neuen Aufschwung gebracht. Das gleiche gilt für Otfrid. Der letzte Monograph kann unwidersprochen zur wissenschaftlichen Aufgabe erklären, die Sekundärliteratur zum »Evangelienbuch« vollständig zu erfassen, zu ordnen und damit überschaubar zu machen (Kleiber 1971, S. 340).

Ein Überblick über die Geschichte der Forschung kann in der hier gebotenen Kürze nur einige wenige Hinweise auf erste Orientierungshilfen geben.

Die Heliandforschung ist gekennzeichnet durch die bis heute andauernde Unsicherheit in allen wesentlichen Fragen. Die vorliegende Darstellung gibt reichlich Zeugnis von der »verzweifelten Situation«, in der sich die Literarhistoriker sehen (Rupp 1965, S. 39). Weder hat die Ausgabe von Sievers (1878) die Diskussion um das Verhältnis der Handschriften zueinander verstummen lassen (die Fragmente V und P wurden erst nachträglich entdeckt), noch sind die Probleme der Heliandsprache, der Herkunft des Dichters, die Quellenfrage, die Fragen der Praefatio Lösungen näher gebracht worden, die sich allgemeiner Zustimmung erfreuen könnten. Die wissenschaftlichen Bemühungen unserer Tage haben diese kontroverse Forschungslage eher noch verschärft, so viele zusätzliche Erkenntnisse sie auch zutage gefördert haben.

Man kann von etwa drei Phasen innerhalb der neueren Forschungsgeschichte sprechen, deren erste mit der Entdeckung der Vaticanischen Bruchstücke 1894 abgeschlossen wurde. Danach »beginnt eine neue, die zweite große Zeit der ›Hel.‹-Forschung. Alle Fragen – auch die früher behandelten – werden neu gestellt und kaum ein Punkt des vordem festen Bestandes an Erkenntnissen bleibt ungefördert« (Basler 1936, Sp. 376). Die dritte Phase beginnt nach 1945 in Auseinandersetzung mit den großen – ebenso konstruktiven wie konstruierten – Synthesen Baeseckes (dessen letzte Arbeiten Anfang der 50er Jahre erschienen) und in Abwehr einer falschen Unmittelbarkeit des rezeptiven Zugangs zum »Heliand« und seinen ›Walhallklängen‹. So wurden einerseits alle grundlegenden historisch-philologischen Fakten in Zweifel gezogen und erneut diskutiert; anderseits forcierte man die Analyse des theologischen Gehalts im Detail und in der Gesamtkonzeption der frühen geistlichen Dichtung. Johannes Rathofers Heliandbuch bildet den Höhepunkt dieser veränderten Interessenlage. Noch immer aber gilt, was Heinz Rupp in seinem Bericht über die »Forschung zur althochdeutschen Literatur 1945–1962 festgestellt hat:

»Die äußern Probleme des »Heliand« schienen zu Beginn der Berichtszeit weitgehend befriedigend geklärt: Die Dichtung ist zwischen 822 und 840 (Matthäuskommentar Hrabans – Tod Ludwigs des Frommen) in Fulda entstanden. Hraban schrieb dazu die Präfationen. Die »Genesis« stammt nicht vom Dichter des »Heliand«. Unsicherheit bestand nur in der Frage, wo der Dichter des »Heliand« herstamme und wie die Heliand-Mischsprache zu erklären sei. Inzwischen ist wieder alles in Frage gestellt worden« (1965, S. 39).

Die Kurve der Otfridforschung verlief dagegen stetiger. Mit den drei großen kritischen Editionen von Kelle, Piper und Erdmann (denen kleine Leseausgaben folgten) war ein schon den Zeitgenossen kaum verständliches Übermaß der Otfridphilologie erfüllt.

»Tatsächlich blickte man 1884 auf nicht weniger als 10 Ausgaben mit insgesamt 14 Bänden zurück. Damit war der Kulminationspunkt allerdings erreicht. Fortan begnügte man sich weitgehend mit dem bereits Geschaffenen. Nichts ist bezeichnender dafür, als daß seit 1882 keine neue große Ausgabe mehr erschien. Nur der erst 1934 neu herausgekommene ›Kleine Otfrid‹ Erdmanns erlebte eine Reihe von Neuauflagen« (Kleiber 1971, S. 19 f.).

Die Kontroverse um die Priorität von V oder P gilt seither zugunsten von V entschieden. Untersuchungen zur Überlieferung knüpften sich fast ausschließlich an die neugefundenen Bruchstücke von D. Aus der exegetischen Literatur dieser Zeit ragen A. E. Schönbachs Otfridstudien (1894–96) als wesentlichster, wenn auch oft genug im Sinne direkter Quellennachweise mißverstandener Beitrag zu einem Otfridkommentar heraus. Die Quellenproblematik ist bis heute ungelöst. Problematisch und nur hypothetisch zu beantworten ist auch die Frage nach Otfrids Form, der ›binnengereimten Langzeile‹. Wie versteht Otfrid selbst seinen Vers? hat er ihn geschaffen? greift er auf ältere volkssprachige Konventionen zurück? imitiert er antike oder kirchliche lateinische Muster? Allgemeiner gefragt: Wie kommt der Reim in die volkssprachige Dichtung? Die Überlegungen dauern an.

Obwohl das »Evangelienbuch« nicht in dem Maße wie der »Heliand« deutschtümelnden bis chauvinistischen Deutungen unterlag (wenn es auch an Versuchen nicht gefehlt hat, Otfrid als »Vorkämpfer für deutsches Volkstum« in Anspruch zu nehmen) ist das verstärkte Interesse am geistlichen Gehalt der frühen deutschen Buchdichtung auch Otfrid zugute gekommen und hat in Wolfgang Haubrichs' Buch zur ersten umfassenden Interpretation des Gedichts geführt. Wolfgang Kleiber schließlich hat zum erstenmal seit dem 19. Jh. wieder auf die Handschriften zurückgegriffen und von paläographischer Seite her die Otfridphilologie auf ihre Grundlagen zurückgeführt. Seine Forderung einer neuen kritischen Edition des »Evangelienbuchs« steckt den Weg der künftigen Forschung ab.

Literatur:
Piper 1882, S. [269–[295.
A. Conrady, Der jetzige Stand der Heliandforschung. Progr. Hadamar 1909.
Otto Basler, Altsächsisch. Heliand, Genesis und kleinere Denkmäler. In erläuterten Textproben mit sprachlich-sachlicher Einführung. 1923, S. 31–34.
Ehrismann 1932, S. 157 ff. und 178 ff.
Basler Verf. Lex. II, 1936, Sp. 374 ff.
Soeteman 1939, S. 127–132.
Rathofer 1962, S. 3–50.
Behaghel/Mitzka [8]1965, S. XII–XXXIV.
Erdmann/Schröder/Wolff [6]1973, S. XII–XVIII.
Johanna Belkin/Jürgen Meier, Bibliographie zu Otfrid von Weißenburg und Bibliographie zur altsächsischen Bibeldichtung (Heliand und Genesis). 1975 (= Bibliographien zur deutschen Literatur des Mittelalters. Heft 7) [angekündigt].
C. Soeteman, Otfrid-Forschung seit 1939. Neoph. 58, 1974, S. 248–251.

3.3 Forschungsaufgaben

Angesichts der vielen Unsicherheiten im Bereich der frühen volkssprachigen Dichtung, die mehr noch als die wenigen gesicherten Fakten den Inhalt des vorliegenden Überblicks ausmachen, ist es weder nötig noch möglich, die einzelnen offenen Fragen zum wiederholten Male zu formulieren und als Forschungsaufgaben zu deklarieren. Für den »Heliand« wie für Otfrids »Evangelienbuch« – wenn wir uns hier auf die beiden Großwerke beschränken – gilt die Notwendigkeit zusammenfassender Aufarbeitungen der vorliegenden und insgesamt kaum noch überschaubaren Forschungsergebnisse.

Neue Editionen sind zu wünschen, dringlich erforderlich aber wären ihnen anzuschließende ausführliche Kommentare. Die Heliandausgabe von Eduard Sievers bringt knappe Anmerkungen, in denen die bis 1878 vorgelegte Forschung verarbeitet ist. Die neuere wissenschaftliche Literatur ist zum Teil in die Fußnoten der Ausgaben von Piper (bis 1897) und Behaghel/Mitzka (letzte Auflage 1965) eingegangen. Was Sievers in seiner eigenen Edition von 1878 feststellte, hat jedoch seine Gültigkeit bis heute nicht verloren: »Ein *commentar* zum Heliand fehlt noch« (S. XXI).

Nicht anders ist die Situation im Falle von Otfrids »Evangelienbuch«. Wolfgang Kleiber hat eindringlich demonstriert, wie unzulänglich selbst die bis heute gültige große Ausgabe von Oskar Erdmann ist.

»Keine der alten Ausgaben bietet den heute bekannten Otfrid. Am genauesten ist Piper, doch beruht sein Text auf irrigen Ansichten der Handschriftenverhältnisse. Erdmann, in dieser Hinsicht der Wirklichkeit näher, enttäuscht was Genauigkeit und Vollständigkeit anbetrifft. Die Revision der Kleinausgabe Erdmanns besserte zwar viel im einzelnen, ließ aber die Anlage unangetastet und blieb in vielen Punkten inkonsequent und lückenhaft. Was heute vor allem fehlt, ist ein auf den neuesten Stand gebrachtes Glossar, ein die umfangreiche Forschung zusammenfassender Kommentar mit Quellenverzeichnis, ferner eine vollständige Otfrid-Biographie. Auch die Grammatik Kelles ist heute nach Anlage und Methode erneuerungsbedürftig« (Kleiber 1971, S. 32).

Register

Die Zahlen in Klammern verweisen auf den Absatz der Darstellung, unter dem die hier mit dem Erscheinungsdatum bezeichnete Arbeit des jeweiligen Autors vollständig zitiert ist.

Altaner/Stuiber 1966 (1.111)
Anderson 1966 (2.223)
Andersson 1974 (2.143)

Bächtold 1887 (2.233)
Baesecke 1910 (2.212), 1918/68, 1922/68 (2.214), 1927 (2.222), 1933 (2.124), 1948/66 (2.143), 1948/50 (2.124), 1953 (2.116)
Baetke 1943/44/57 (2.147)
Bardenhewer 1894–1932 (1.113)
Basler 1923, 1936 (3.2)
Baugh 1948 (1.223)
Bechert 1947 (2.216)
Behaghel 1902 (2.133), 1903 (2.131)
Behaghel/Mitzka 1965 (2.141)
Behringer 1891 (2.145)
Belkin/Meier 1974 (3.2)
Bergmann 1971 (2.122)
Berron 1940 (2.144)
Bertau 1965 (2.217)
Bertau/Stephan 1956/57, 1957 (2.217)
Berthold 1925 (2.136)
Bischoff 1960 (2.112)
Blake 1962 (1.21)
Bockholdt 1961 (2.146)
de Boor 1928 (2.212), 1971 (2)
Bork 1927 (2.213)
Braune 1907 (2.135)
Braunfels 1965 (2)
Brinkmann 1951/52/62, 1960/66 (2.214)
Bruckner 1904 (2.143), 1929, 1932 (2.133)
Bulst 1956 (1.12)
Burdach 1925 (2.226)
Butzmann 1971/73 (3.1), 1972 (2.211)

Colliander 1912 (2.144)
Conrady 1909 (3.2)

Cordes 1967 (2.145)
Corsaro 1962 (1.112)
Curschmann 1967 (2.116)
Curtius 1948/67 (1.114)

Dal 1954/73 (2.142)
Dannenbauer 1959 (1.111), 1962 (2)
van Delden 1942 (2.122)
Depezzo 1971 (2.223)
Dhondt 1968 (2)
Dobbie 1937 (1.21)
Dreves/Blume 1909 (1.12)
Dreves/Blume/Bannister 1886–1922 (1.12)
Drögereit 1950, 1951, 1970 (2.142)
Dümmler/Schröder 1900 (3.1)
Dunstan 1957/58 (2.125)

Ebert 1889 (1.113)
Eggers 1956 (2.215)
Ehrismann 1932 (2)
Eichhoff/Rauch 1973 (1.222)
Engel 1967 (2.214)
Erb 1963 (2)
Erdmann 1869 (2.215), 1882 (2.211)
Erdmann/Schröder 1934 (2.211)
Erdmann/Schröder/Wolff 1957–73 (2.211)
Ernst 1972, 1973 (2.216)
von Ertzdorff 1964 (2.215)
Evans 1963 (2.136)

Fischer 1966 (2.111)
Foerste 1948/50/73 (2.216), 1958 (2.147)
Fränkel 1921 (2.214)
Fromme 1928 (2.211), 1929, 1933 (2.215)

Gallée 1895 (2.141)
Ganshoff 1970 (2.137)
Ganz 1973 (2.114)

Gasser 1970 (2.212)
Genzmer 1949/56/61 (2.131)
Gerould 1911 (2.133)
Giseke 1879 (2.143)
Goebel 1967 (2.215)
Göhler 1935 (2.146)
Goergens 1910 (2.215)
Grau 1908 (1.125)
Grein 1854/69 (2.141), 1857/1930 (1.221)
Grein/Wülker 1881 ff. (1.221)
Grimm 1961/63 (1)
Grosch 1947 (2.146)
Grünhagen 1855 (2.216)
Grüters 1905 (2.146)
Grundmann 1958 (2.116), 1970 (2)
Gürich 1966 (2.215)
Gutenbrunner 1956, 1967 (2.214)

Hannemann 1939/73 (3.1)
Hartmann 1974 (2.216)
Hass 1903 (2.215)
Haubrichs 1966 (2.143), 1968, 1969 (2.215), 1970, 1973 (2.213)
Hauck 1904 ff./53 (2)
Helm 1942 (2.213)
Hempel 1937 (2.211)
Henss 1954 (2.146)
Hentschel 1935 (2.135)
Herbst 1936, 1937 (2.211)
Herzog 1971 (1.113)
Heusler 1902 (2.225), 1918, 1920/43 (2.144), 1921 (2.131), 1921/43 (2.145), 1925/27/29/56 (2.123)
Hönncher 1885 (2.136)
Hörmann 1939 (2.214)
Hofmann 1957, 1958/59/73 (1.222), 1971 (2.116)
Hoffmann 1967 (2.214)
Hovingh 1960 (1.112)
Huber 1969 (2.146)
Huemer 1885, 1891 (1.112)
Hummel 1961 (2.215)

Irvin 1959 (1.222)

Jammers 1957/69, 1959 (2.117)
Jellinek 1919 (2.143), 1923 (2.115), 1924 (2.212)

Jones 1963/71 (1.111)
Jostes 1896 (2.143)

Kane 1948 (1.21)
Kennedy 1916/65 (1.221)
Kelle 1856, 1869, 1870/1966, 1881 (2.211), 1892 (2)
Kleiber 1971 (2.211)
Klingenberg 1970, 1972 (2.215)
Klopsch 1972 (1.12)
Kögel 1894 (2), 1895 (2.134), 1897 (2)
Köhler 1936 (2.146)
Kohlschmidt 1927 (2.125)
Kolb 1964, 1971 (2.124)
Kolbe 1913a (2.215), 1913b (2.224)
Krapp/Dobbie 1931 ff. (1.221)
Krogmann 1937a, 1937b (2.112), 1943/47 (2.143), 1956, 1957 (2.146), 1958a, 1958b (2.143), 1959a (2.125), 1959b (2.216), 1962 (2.146), 1963 (2.211), 1964 (2.145), 1967 (2.122), 1973 (2.231)
Krüger 1919 (1.113)
Kunze 1925 (2.131)

Labriolle/Bardy 1947 (1.113)
Längin 1925 (2.222)
Lammers 1967, 1970 (2.137)
Leitzmann 1914 (2.115, 2.222 und 2.235)
Lester 1974 (1.21)
Löwe 1970 (2)
Loomis 1946 (1.21)
Ludwig 1962 (2.235)
Luft 1896 (2.213)

Magoun 1943 (2.214), 1948 (2.143), 1955 (1.21)
Maier 1968 (1.111)
Malone 1948 (1.223), 1961 (1.21)
Manganella 1960 (2.125), 1966 (2.115)
Manitius 1891, 1911 (1.113)
Marold 1886, 1887 (2.216)
Masser 1969 (2.216), 1973 (2.145)
Massmann 1923 (2.136)

Maurer 1929 (2.222), 1933 (2.226), 1964 (2.224)
McKenzie 1945, 1946, 1948a, 1948b (2.215)
McKillop 1921 (2.135)
McKinley 1951 (1.112)
McLintock 1957 (2.115)
Meissburger 1970 (2)
Menhardt 1933 (3.1), 1940 (2.231)
Metzenthin 1922 (2.143), 1931 (2.211)
Meyer 1905-36 (1.12)
Michaelis 1885 (2.212)
Minis 1966 (2.121)
Mitzka 1950/68/73 (2.142)

Naumann 1926 (1.121)
Neckel 1918 (2.124)
Nemitz 1962 (2.212)
Neumann 1957/69 (2.214)
Norberg 1954 (1.12)

Ochs 1958 (2.235)
Ohly 1970 (2.216)
Ohly-Steimer 1955/56 (2.146)
Olsen 1885, 1887 (2.216)

Pachaly 1899 (2.144)
Paul 1901 (3.1)
Pauls 1902 (2.133), 1905 (2.134)
Peiper 1883, 1891 (1.112)
Petzsch 1962 (2.217)
Pfeiffer 1905 (2.215)
Pickering 1954/55, 1966 (2.146)
Piper 1878/82, 1882/84/85, 1884a, 1884b, 1899 (2.211), 1897 (2.131 und 2.141)
Plummer 1896/1946 (1.21)
Plumhoff 1899, 1900 (2.216)
von Polenz 1962 (2.214)
Pongs 1913 (2.225)

Raby 1953 (1.113)
Rathofer 1962, 1964 (2.145), 1964 (2.146), 1965 (2.215), 1971 (2.145)
von Raumer 1870 (3.1)
Reiffenstein 1958 (2.125)
Richert 1965 (2.215)

Robinson 1906/07 (2.136)
Roediger 1897 2.217)
Rooth 1956/73 (2.142)
Rost 1939 (1)
Rupp 1957 (2.216), 1956 (2.147), 1956/57/63 (2.216), 1965 (2.215)

Salmon 1963 (2.136)
Saran 1896a (2.214), 1896b (2.217), 1925 (2.214)
Schäfer 1966 (2.217)
Schanz/Hosius/Krüger 1920 (1.113)
Schenkl 1888 (1.112)
Schirmer 1968 (1.223)
Schirokauer 1926/57 (2.215), 1950 (2.115)
Schlosser 1970 (2.111)
Schmidt, M. 1972 (2.216)
Schmidt, R. 1967 (2.216)
Schnatmeyer 1908 (2.215)
Schneider, C. 1954 (1.11)
Schneider, H. 1936/62 (2.124), 1943 (2)
Schnürer 1929-36 (2)
Schönbach 1894, 1895, 1896, 1898 (2.216), 1904 (2.143)
Schröbler 1953 (2.116)
Schröder, E. 1900 (2.133), 1917 (2.213), 1931 (2.216), 1935 (2.131)
Schröder, W. 1968 (2.124)
Schücking 1920 (2.135)
Schütze 1887 (2.215)
Schulte 1910/58 (2)
Schulz 1968 (2.215)
Schwab 1971 (2.145), 1973 (2.112)
Schwartzkopf 1908 (2.225)
Schweikle 1967 (2.214)
von See 1967 (2.123)
Sehrt 1925/66 (2.141)
Seiffert 1962 (2.114)
Seiler 1877 (2.235)
Shepherd 1954 (1.21)
Siebs 1896 (2.136)
Sievers 1875 (2.131), 1876 (2.146), 1878 (2.141), 1893 (2.123), 1895 (2.133)

Simon 1965 (2.142)
Simrock 1856 (2.141)
Smith 1933 (1.21)
Soeteman 1939 (2.212), 1974 (3.2)
Sowinski 1971 (1)
Springer 1946/47 (2.212)
Stapel 1952/53 (2.145), 1953 (2.141)
Stephan 1956 (2.217)
Stern/Bartmuss 1970 (2)
Sturtevant 1913 (2.214)
Swinburne 1957, 1958, 1966 (2.215)
Szövérffy 1964 (1.12)

Taeger 1970 (2.145)
Tax 1965 (2.215)
Tesch 1890 (2.213)
Thraede 1961, 1961–1963 (1.113)

Ulbricht/Wolfrum 1970 (3.1)
Unwerth 1915 (2.125)
Unwerth/Siebs 1920 (2)

Vickrey 1965 (2.136), 1969, 1971 (2.135)

Vilmar 1845/62 (2.145)
Vollmer 1905 (1.112)

Wagner 1881 (2.143)
Weber 1927 (2.146)
Wehrli 1963/69 (1)
Weringha 1965 (2.146)
Wiget 1925 (2.215)
Wilhelm 1912 (2.216)
Willems 1955 (2.235)
Windisch 1868 (2.143)
Wisniewski 1972 (2.214)
Wolff 1923/67 (2.214), 1935/67 (2.146), 1943/67 (2.145)
Woolf 1963 (2.136)
Wrenn 1947 (1.21), 1967 (1.223)
Wulf 1949 (2.146)

Zangemeister/Braune 1894 (2.131)
Zarncke 1865 (2.143)
Zwierzina 1887 (2.214)

Sammlung Metzler

M	1	Raabe *Einführung in die Bücherkunde*
M	2	Meisen *Altdeutsche Grammatik I: Lautlehre*
M	3	Meisen *Altdeutsche Grammatik II: Formenlehre*
M	4	Grimm *Bertolt Brecht*
M	5	Moser *Annalen der deutschen Sprache*
M	6	Schlawe *Literarische Zeitschriften 1885–1910*
M	7	Weber/Hoffmann *Nibelungenlied*
M	8	Meyer *Eduard Mörike*
M	9	Rosenfeld *Legende*
M	10	Singer *Der galante Roman*
M	11	Moritz *Die neue Cecilia. Faksimiledruck*
M	12	Nagel *Meistersang*
M	13	Bangen *Die schriftliche Form germanist. Arbeiten*
M	14	Eis *Mittelalterliche Fachliteratur*
M	15	Weber/Hoffmann *Gottfried von Straßburg*
M	16	Lüthi *Märchen*
M	17	Wapnewski *Hartmann von Aue*
M	18	Meetz *Friedrich Hebbel*
M	19	Schröder *Spielmannsepik*
M	20	Ryan *Friedrich Hölderlin*
M	21	a, b (siehe M 73, 74)
M	22	Danzel *Zur Literatur und Philosophie der Goethezeit*
M	23	Jacobi *Eduard Allwills Papiere. Faksimiledruck*
M	24	Schlawe *Literarische Zeitschriften 1910–1933*
M	25	Anger *Literarisches Rokoko*
M	26	Wodtke *Gottfried Benn*
M	27	von Wiese *Novelle*
M	28	Frenzel *Stoff-, Motiv- und Symbolforschung*
M	29	Rotermund *Christian Hofmann von Hofmannswaldau*
M	30	Galley *Heinrich Heine*
M	31	Müller *Franz Grillparzer*
M	32	Wisniewski *Kudrun*
M	33	Soeteman *Deutsche geistliche Dichtung des 11. und 12. Jhs.*
M	34	Taylor *Melodien der weltlichen Lieder des Mittelalters I: Darstellung*
M	35	Taylor *Melodien der weltlichen Lieder des Mittelalters II: Materialien*
M	36	Bumke *Wolfram von Eschenbach*
M	37	Engel *Handlung, Gespräch und Erzählung. Faksimiledruck*
M	38	Brogsitter *Artusepik*
M	39	Blankenburg *Versuch über den Roman. Faksimiledruck*
M	40	Halbach *Walther von der Vogelweide*
M	41	Hermand *Literaturwissenschaft und Kunstwissenschaft*

M	42	Schieb *Heinrich von Veldeke*
M	43	Glinz *Deutsche Syntax*
M	44	Nagel *Hrotsvit von Gandersheim*
M	45	Lipsius *Von der Bestendigkeit. Faksimiledruck*
M	46	Hecht *Christian Reuter*
M	47	Steinmetz *Die Komödie der Aufklärung*
M	48	Stutz *Gotische Literaturdenkmäler*
M	49	Salzmann *Kurze Abhandlungen über einige wichtige Gegenstände aus der Religions- und Sittenlehre. Faksimiledruck*
M	50	Koopmann *Friedrich Schiller I: 1759–1794*
M	51	Koopmann *Friedrich Schiller II: 1794–1805*
M	52	Suppan *Volkslied*
M	53	Hain *Rätsel*
M	54	Huet *Traité de l'origine des romans. Faksimiledruck*
M	55	Röhrich *Sage*
M	56	Catholy *Fastnachtspiel*
M	57	Siegrist *Albrecht von Haller*
M	58	Durzak *Hermann Broch*
M	59	Behrmann *Einführung in die Analyse von Prosatexten*
M	60	Fehr *Jeremias Gotthelf*
M	61	Geiger *Reise eines Erdbewohners in den Mars. Faksimiledruck*
M	62	Pütz *Friedrich Nietzsche*
M	63	Böschenstein-Schäfer *Idylle*
M	64	Hoffmann *Altdeutsche Metrik*
M	65	Guthke *Gotthold Ephraim Lessing*
M	66	Leibfried *Fabel*
M	67	von See *Germanische Verskunst*
M	68	Kimpel *Der Roman der Aufklärung*
M	69	Moritz *Andreas Hartknopf. Faksimiledruck*
M	70	Schlegel *Gespräch über die Poesie. Faksimiledruck*
M	71	Helmers *Wilhelm Raabe*
M	72	Düwel *Einführung in die Runenkunde*
M	73	Raabe *Einführung in die Quellenkunde zur neueren deutschen Literaturgeschichte* (bisher M 21 a)
M	74	Raabe *Quellenrepertorium zur neueren deutschen Literaturgeschichte* (bisher M 21 b)
M	75	Hoefert *Das Drama des Naturalismus*
M	76	Mannack *Andreas Gryphius*
M	77	Straßner *Schwank*
M	78	Schier *Saga*
M	79	Weber-Kellermann *Deutsche Volkskunde*
M	80	Kully *Johann Peter Hebel*
M	81	Jost *Literarischer Jugendstil*
M	82	Reichmann *Deutsche Wortforschung*
M	83	Haas *Essay*
M	84	Boeschenstein *Gottfried Keller*
M	85	Boerner *Tagebuch*
M	86	Sjölin *Einführung in das Friesische*

M	87	Sandkühler *Schelling*
M	88	Opitz *Jugendschriften. Faksimiledruck*
M	89	Behrmann *Einführung in die Analyse von Verstexten*
M	90	Winkler *Stefan George*
M	91	Schweikert *Jean Paul*
M	92	Hein *Ferdinand Raimund*
M	93	Barth *Literarisches Weimar. 16.–20. Jh.*
M	94	Könneker *Hans Sachs*
M	95	Sommer *Christoph Martin Wieland*
M	96	van Ingen *Philipp von Zesen*
M	97	Asmuth *Daniel Casper von Lohenstein*
M	98	Schulte-Sasse *Literarische Wertung*
M	99	Weydt *H. J. Chr. von Grimmelshausen*
M	100	Denecke *Jacob Grimm und sein Bruder Wilhelm*
M	101	Grothe *Anekdote*
M	102	Fehr *Conrad Ferdinand Meyer*
M	103	Sowinski *Lehrhafte Dichtung des Mittelalters*
M	104	Heike *Phonologie*
M	105	Prangel *Alfred Döblin*
M	106	Uecker *Germanische Heldensage*
M	107	Hoefert *Gerhart Hauptmann*
M	108	Werner *Phonemik des Deutschen*
M	109	Otto *Sprachgesellschaften des 17. Jahrh.*
M	110	Winkler *George-Kreis*
M	111	Orendel *Der Graue Rock (Faksimileausgabe)*
M	112	Schlawe *Neudeutsche Metrik*
M	113	Bender *Bodmer/Breitinger*
M	114	Jolles *Theodor Fontane*
M	115	Foltin *Franz Werfel*
M	116	Guthke *Das deutsche bürgerliche Trauerspiel*
M	117	Nägele *J. P. Jacobsen*
M	118	Schiller *Anthologie auf das Jahr 1782 (Faksimileausgabe)*
M	119	Hoffmeister *Petrarkistische Lyrik*
M	120	Soudek *Meister Eckhart*
M	121	Hocks-Schmidt *Lit. und polit. Zeitschriften 1789–1805*
M	122	Vinçon *Theodor Storm*
M	123	Buntz *Die deutsche Alexanderdichtung des Mittelalters*
M	124	Saas *Georg Trakl*
M	126	*Klopstocks Oden und Elegien (Faksimileausgabe)*
M	127	Biesterfeld *Die literarische Utopie*
M	128	Meid *Barockroman*
M	129	King *Literarische Zeitschriften 1945–1970*
M	130	Petzoldt *Bänkelsang*
M	131	Fischer *Karl Kraus*
M	132	Stein *Epochenproblem »Vormärz« (1815–1848)*
M	133	Koch *Das deutsche Singspiel*
M	134	Christiansen *Fritz Reuter*
M	135	Kartschoke *Altdeutsche Bibeldichtung*